Bioethik

W0171286

Wissen 3000
Herausgegeben von Christina Knüllig

Thomas Prüfer,
geboren 1963, studierte Geschichte, Philosophie und Germanistik in
Marburg und Köln. Er arbeitet als freier Journalist und Wissenschaftler
und ist Mitinhaber eines Geschichtsbüros. Zahlreiche Veröffentlichungen,
u. a. »Die Bildung der Geschichte« (2002).

Volker Stollorz,
geboren 1964, studierte Biologie und Philosophie. Nach Forschungs-
aufenthalt am MIT arbeitet er seit 1998 als freier Wissenschaftsjournalist,
u. a. regelmäßig für »Geo« und die »Frankfurter Allgemeine Sonntags-
zeitung«. Seine Arbeiten sind mehrfach ausgezeichnet worden.

Thomas Prüfer/Volker Stollorz

Bioethik

wissen 3000

Europäische Verlagsanstalt

Inhalt

Bioethik – die erstaunliche Karriere einer philosophischen Disziplin

Bioethik boomt: Die noch junge philosophische Disziplin und ihre Experten sind Sinnbild einer verunsicherten Epoche, in der die Erkenntnisse der Biologie die Grenzen der Fachwissenschaft sprengen und massiv in das Alltagsleben eingreifen. Gentechnisch manipuliertes Essen, geklonte Tiere, künstlich erzeugte Embryonen: Die Bioethik reflektiert die moralische Dimension dieses rasanten wissenschaftlichen und technischen Fortschritts und fragt nach dem verantwortlichen Umgang des Menschen mit seinen neuen Möglichkeiten.

Der Begriff der Bioethik tauchte erstmals in den 1960er Jahren im englischsprachigen Raum auf. Der Biologe und Essayist Erwin Chargaff berichtet von seiner ersten Begegnung mit der damals gerade modischen Bezeichnung »Bioethicist«: Er habe sogleich an den »Pharmacist« denken müssen, der Medikamente herstelle und verkaufe. Wie der Apotheker, so Chargaff, fülle der Bioethiker Moral in kleine Flaschen ab. Dass daraus sogleich eine neue Disziplin entstand, fand Chargaff merkwürdig, da die Ethik sich zur »Bioethik so wie die Musik zur Militärmusik« verhalte.

»Bioethik ist das systematische Studium des menschlichen Verhaltens auf dem Gebiet der Wissenschaften vom Leben und in der Gesundheitspflege, insoweit dieses Verhalten im Licht moralischer Werte und Prinzipien bewertet wird.«

Warren Reich, 1978 in der »Encyclopedia of Bioethics«

Chargaffs ironische Bemerkungen zeigen, dass die Bioethik von Anfang an umstritten war. Hielten die einen sie für überflüssig, so kritisierten die anderen, dass Bioethik letztlich die Tabubrüche moralisch rechtfertige, die die Lebenswissenschaften begangen haben oder begehen werden. Nach dem Selbstverständnis der Bioethiker ist bioethisches Denken allerdings weit mehr als das Trostpflaster einer Epoche, die sich erstmals anschickt, die Natur des Menchen grundlegend neu zu definieren.

Kennzeichen bioethischer Überlegungen ist danach vielmehr

der Praxisbezug: Die Bioethik sucht Antworten auf moralische Fragen, die sich aus den Fortschritten der Biologie und Medizin ergeben. Sie bewegt sich damit oftmals auf unbekanntem Terrain, das sie unter Rückgriff auf alte und neue ethische Prinzipien zu sondieren sucht. Bioethik befasst sich in dieser Hinsicht mit dem verantwortlichen Verhalten des Menschen seinesgleichen und seiner Umwelt gegenüber. In diesem weiten Sinne unterwirft sie nicht nur biologische und medizinische, sondern auch ökologische Phänomene einer ethischen Reflexion.

Die Geburt der Bioethik aus dem Geiste der Medizinethik

Historisch gesehen betrachten sich die meisten Bioethiker als ein legitimes Kind der medizinischen Ethik, die auf den Vormarsch der Biomedizin keine befriedigenden Antworten zu geben wusste. In Auseinandersetzung mit den verbrecherischen Menschenversuchen in den Konzentrationslagern der Nationalsozialisten entstand mit dem Nürnberger Codex erstmals ein bedeutsamer moralischer Leitfaden für die Forschung am Menschen. Er behandelte das virulente Spannungsfeld zwischen dem Ethos des Arztes als Behandler gegenwärtiger Krankheiten und dem Ethos des Forschers im Dienste des künftigen medizinischen Fortschritts.

»Ich konnte an Menschen Versuche machen, die sonst nur an Kaninchen möglich waren.«

Hans Münch, ehemaliger stellvertretender Leiter des SS-Hygiene-Instituts im Konzentrationslager Auschwitz

Angesichts der Gräueltaten der NS-Mediziner formulierte der Codex eindeutig: »Die freiwillige Zustimmung der Versuchsperson ist unbedingt erforderlich.« Doch in der boomenden experimentalmedizinischen Praxis der Nachkriegszeit wurde schnell klar, dass Mediziner auch in demokratischen Staaten bei ihren Forschungen systematisch diese fundamentale ethische Norm verletzten – so etwa bei Strahlenexperimenten an Soldaten, Behinderten und Gefangenen. Selbst renommierte US-Mediziner führten lebensbedrohliche Experimente an Menschen ohne deren Einwilligung durch. Die immer gleiche Rechtfertigung: So gewonnene Erkenntnisse dienten der Entwicklung neuer Medikamente und damit der Rettung von Menschenleben. Diese Art von Kosten-Nutzen-Rechnung, die die

Verletzung der Menschenwürde von Versuchspersonen billigend in Kauf nahm, stieß schon bald auf heftige Kritik und war einer der wichtigsten Impulse für die Entstehung der Bioethik.

Fremde am Krankenbett

In den 1960er Jahren gab es auf dem Feld der Medizin eine Vielzahl imponierender Durchbrüche. Erstmals wurden Nieren transplantiert, es entstanden Methoden zur »sicheren Abtreibung«, die Pille zur Empfängnisverhütung wurde entwickelt, ebenso erste Methoden der genetischen Diagnostik von Erbleiden. Die Verbreitung von Intensivstationen mit ihren künstlichen Herz-Lungen-Maschinen erlaubte nun das Überleben früher todgeweihter Patienten. Es kam zu einem Wandel der Kultur des Sterbens: Statt zu Hause starben die Menschen immer häufiger einsam auf den Intensivstationen anonymer Krankenhäuser.

Durften Ärzte unter diesen Bedingungen über Leben und Tod ihrer Patienten allein entscheiden? War es nicht unethisch, an todkranken Patienten zu experimentieren, um bessere Wege zu finden, andere Kranke zu heilen? Bei vielen Behandlungen war nicht länger klar, ob und für wen ein Eingriff nützlich oder schädlich war. Wann sollten Experimente an Behinderten oder Gefängnisinsassen legitim sein, die selber keine informierte Zustimmung zu einem Menschenversuch geben konnten? Wer sollte über eine gerechte Verteilung entscheiden, wenn Organe von Hirntoten knapp waren oder kostspielige technische Geräte nicht flächendeckend zur Verfügung standen?

Der Medizinhistoriker David Rothman hat in seinem Buch »Strangers at the bedside« das Erscheinen von Philosophen, Theologen, Juristen und eben der Bioethiker am Bett der Kranken historisch in einer Zeit verortet, in der die medizinische Elite therapeutisch mächtiger denn je war und der Fortschritt der Wissenschaften verheißungsvolle Techniken zur Behandlung von Patienten hervorgebracht hatte. Der atemberaubende Fortschritt, so Rothman, habe die Medizinelite von ihren Patienten entfremdet und den treuhänderisch sorgenden Arzt in einen »Fremden am

Krankenbett« verwandelt. Das dadurch entstandene »soziale Vakuum« habe die Patienten schutzlos gemacht und sei durch Juristen, Theologen und Philosophen gefüllt worden, unter ihnen die ersten selbst ernannten Bioethiker. Alle diese Berufsgruppen seien – mit Ausnahme vielleicht der Priester – Fremde am Bett des Patienten gewesen. Das Auftauchen der ersten Bioethiker markiert also einen fundamentalen Wandel in der Legitimation ärztlichen Handelns. Weg von dem exklusiven Behandlungsverhältnis zwischen den Ärzten und ihren Patienten hin zu öffentlichen Foren wie Gerichten, politischen Beratungsgremien und klinischen Ethikkommissionen, in denen die forschenden Medizineliten, aber auch die behandelnden Ärzte ihre Praxis fortan ethisch zu rechtfertigen hatten.

Patientendämmerung

Parallel zum Boom professioneller Ethikexperten wuchs der Einfluss des Patienten auf das ärztliche Handeln. Man kann diesen kulturell einschneidenden Vorgang mit dem Philosophen Peter Sloterdijk als »Patientendämmerung« bezeichnen. Der geduldige Kranke (»the patient«) verwandelte sich in einen ungeduldigen »Impatienten«, der vom Arzt Heilung um jeden Preis erwartet. Die Patientenautonomie und die Aufklärungspflicht des Arztes, die nach den Nürnberger Ärzteprozessen als zwei der zentralen bioethischen Prinzipien verankert worden waren und in moralischer Hinsicht einen großen Fortschritt bedeuteten, zeigten jedoch sehr schnell ihre Janusköpfigkeit.

»An das Unheilbare zu glauben ist heute revolutionär.«
Peter Sloterdijk

Besonders offenkundig wurde dies auf dem Gebiet der Fortpflanzungsmedizin. Seit 1978 ermöglicht sie unfruchtbaren Paaren, durch künstliche Befruchtung im Reagenzglas ihren Kinderwunsch zu erfüllen. Unter Bioethikern umstritten war von Beginn an, inwieweit die Therapie der Kinderlosigkeit überhaupt als ärztliche Aufgabe gelten kann. Was sollte getan werden, wenn eine Frau hormonell überstimuliert werden will und damit ihre Gesundheit gefährdet, um möglichst viele Eizellen für eine künstliche Befruchtung zu gewinnen, weil die Spermien ihres Mannes bewegungsunfähig sind? Das traditionelle Ethos des »nil nocere« gebietet dem Arzt, seinem Patienten niemals zu schaden. Wie sollten Ärzte mit tiefgefrorenen menschlichen Embryonen umgehen, die von den Eltern nicht mehr erwünscht waren? Mussten diese Embryonen bereits wie Menschen mit Anspruch auf Würde behandelt werden, oder durften sie als unvermeidliches Abfallprodukt oder gar willkommener Rohstoff für die Forschung genutzt werden? Durften Eltern autonom entscheiden, welche »genetische Qualität« ihre Kinder haben sollten? Im Dickicht immer neuer moralischer Dilemmata versucht die Bioethik seither, Schneisen der praktischen Vernunft zu schlagen, erkennt aber immer deutlicher, dass sie dabei auf einem ethischen Fundament steht, das selbst nicht sicher ist, sich vielmehr ständig in Bewegung befindet und kaum noch Halt bietet.

Bioethik als Rhetorik der Beruhigung

Der amerikanische Philosoph Alasdair MacIntyre hat schon vor 20 Jahren in seinem Buch »Der Verlust der Tugend« die These vertreten, unsere moralischen Überzeugungen seien nur noch Ausdruck von Gefühlen, Vorlieben und Präferenzen, so genannten Werturteilen, die keiner weiteren rationalen Begründung zugänglich seien. Moralische Debatten seien daher vor allem rhetorische Versuche, andere Menschen von der eigenen Position zu überzeugen. Die Sprache der Moral werde zum bloßen Appell: »Mach es ebenso.« Der Boom der Bioethikexperten wäre so gesehen im Kern Überzeugungsarbeit der modernen Gesellschaft an sich selbst, um für Ruhe in unruhigen Zeiten zu sorgen.

Dieses Buch behandelt die Bioethikdebatte als Symptom einer ethischen Verunsicherung. Was soll der Mensch im 21. Jahrhundert mit seiner Natur anfangen? Welcher ethische Kompass kann die Richtung vorgeben? Eine grobe Landkarte ethischer Grundpositionen soll dem Leser eine erste Orientierung liefern. Denn jeder Mensch muss täglich moralische Entscheidungen treffen.

Von der DNA zum Genom –
der Aufstieg der Lebenswissenschaften

Die Entdeckung der Struktur der Erbsubstanz DNA vor 50 Jahren war eine kulturelle Zäsur. Mit ihr begann der Aufstieg der Biologie zur Leitwissenschaft unserer Zeit. Nicht mehr nur das Lesen im »Buch der Natur« ist das Ziel der neuen Lebenswissenschaften, sondern das Umschreiben der enträtselten Schrift. Der Mensch schickt sich an, zum Autor der genetisch codierten Texte des Lebens zu werden.

Die Gäste des »Café Eagle« im britischen Cambridge staunten wohl nicht schlecht, als im Frühjahr 1953 zwei junge Männer in den verqualmten Raum stürmten und begeistert schrien: »Wir haben das Geheimnis des Lebens gelöst!« Der britische Molekularbiologe Francis Crick und sein 23-jähriger US-Kollege James D. Watson hatten gerade erstmals ein vollständiges Modell jener schraubenförmigen Doppelhelix DNA (Desoxyribonucleic acid) gebaut, das im Erbgut einer jeden Zelle die genetische Information speichert. Die beiden späteren Nobelpreisträger legten mit ihrer Entdeckung den Grundstein für die Revolution der Lebenswissenschaften.

Das DNA-Modell einer simplen Abfolge von vier verschiedenen Bausteinen in Form eines genetischen Alphabets (ACGT) erlaubte nicht nur, erstmals Hypothesen über die Anordnung der Struktur genetischer Information im Erbgut aufzustellen. Es lieferte auch einen Mechanismus ihrer Verdopplung bei jeder Zellteilung. So genannte Mutationen als Fehler in der Abfolge der vier Buchstaben des genetischen Textes wurden zum Schlüssel für ein besseres Verständnis des evolutionären Wandels. Darwins Idee einer Evolution durch die Selektion von Variationen in einer Population erhielt im Modell der Mutation als Fehler im DNA-Text ein schlüssiges, molekulares Fundament.

Die Entschlüsselung des menschlichen Genoms

Von der Schönheit und Einfachheit der Vererbungsmechanismen begeistert, prophezeite James Watson schon wenige Jahre nach seiner bahnbrechenden Entdeckung, es werde noch zu seinen Lebzeiten technisch möglich sein, das Erbgut eines Menschen komplett zu entziffern. Während sich sein Partner Crick später der Hirnforschung zuwandte, um den »Code des Bewusstseins« zu knacken, machte sich der rastlose Dr. Watson selbst auf die Suche nach dem »heiligen Gral der Biologie«. 1990 ernannte die US-Regierung Watson zum ersten Leiter des »Humangenomprojekts«, das nach zehnjähriger Arbeit tatsächlich erstmals die rund 3,2 Milliarden Buchstaben im Erbgut eines Menschen entzifferte – zuletzt in Konkurrenz zu der privaten Biotechfirma Celera.

Deren charismatischer Chef Craig Venter raunte, dies sei der »Höhepunkt von 100 000 Jahren Menschheitsgeschichte«, als er und sein Rivale Watson im Weißen Haus in Washington auftraten, um mit dem US-Präsidenten Bill Clinton zu feiern. Dass private Firmen inzwischen beim Wettlauf um die Entzifferung von Genomen von immer mehr Lebewesen kräftig mitmischen, ist kein Zufall. Biotechnologie ist Big Business und wird politisch als Querschnittstechnologie der Zukunft gefördert.

Das Wissen um die genetisch komplexen Netzwerke des Lebens wird dadurch explodieren und der Mensch zu einem biologisch transparenten Wesen. Schon die Analyse einer Hautschuppe kann sein Erbgut plötzlich zur öffentlichen Sache machen, mit all den ethischen und rechtlichen Problemen, die damit verbunden sind. Schon in zehn Jahren soll jeder Mensch für 1000 Dollar jeden Baustein seines Erbguts entziffern lassen können. Die Vision der neuen, genbasierten Medizin: Computerprogramme sollen im Krankheitsfall Schadstellen im Erbcode aufspüren und ermitteln, wo der Stoffwechsel oder das Erbgut entgleist ist. Der Mensch werde auf seine Gene hören lernen und dann wissen, was gut für seinen Körper ist, so die Propagandisten einer Konsumenten-Genetik.

Eduardo Kac »Encryption Stones«

Inwiefern diese Hermeneutik des Genoms oder gar die Vision einer »molekularen Identität« das Selbstverständnis des Menschen verändern wird, ist eine unter Bioethikern umstrittene Frage. Die einen glauben, die Leichenöffnungen der Renaissance seien der größere Bruch im Selbstbild des Menschen gewesen. Gene seien letztlich nicht mehr als Marionetten an den Fäden komplexer Umweltverhältnisse und die neue Genmedizin und ihr Bild vom Text des Lebens eben nichts anderes als eine Metapher. Andere sprechen dagegen von einer echten Zäsur, dem Beginn eines »Zeitalters des Könnens«. Die Lebenswissenschaften würden zu einer Art »Epigenesis« führen – einem »Nachmittag der Schöpfung«, bei dem der Mensch sich selbst zum Schöpfer aufschwingt.

Molekulare Textbearbeitung im Erbgut

Tatsächlich haben 50 Jahre Lebenswissenschaften nicht nur spannende Lektüren im »Buch der Natur« erlaubt und der Medizin entscheidende Erkenntnisse über die Entstehung von Krankheiten geliefert. Das Jahrhundert der Biotechnologie schickt sich an, mächtige Techniken molekularer Textbearbeitung im Erbgut zu entwickeln. Dabei geht es um den Versuch, den Text des Lebens neu zu schreiben.

Tatsächlich kann der genetische Code immer präziser zerschnitten, kopiert und korrigiert werden. Erste gentechnisch veränderte Pflanzen mit bakteriellen Genen wachsen auf Millionen Hektar Ackerboden, transgene Schafe mit einem menschlichen Gen im Erbgut stellen Arzneimittel in ihrer Milch her. Forscher versuchen derzeit sogar, erstmals einen kompletten Mikroorganismus künstlich zu erschaffen, indem ein chemisch im Labor synthetisiertes, komplettes Erbgut in einer Zelle zum Leben erweckt werden soll. Schon heute können Gene erstmals gezielt zwischen artfremden Organismen ausgetauscht werden.

Beim Menschen gelingt es inzwischen, gesunde Erbanlagen in defekte Körperzellen einzuschleusen. Die Gentherapie etwa ist ein 1990 erstmals erprobtes Verfahren, bei dem einzelne heilende Gene in Körperzellen eingebracht werden, um schwere

Erbkrankheiten des Menschen zu korrigieren. Selbst in scheinbar weit entfernten Bereichen wie der Kriminologie hat die Analyse der genetischen Fingerabdrücke von Tätern zu einer Revolution bei Ermittlungen von Verbrechen geführt. Ein einziges Haar kann plötzlich die Täterschaft eines Menschen beweisen und damit über Schuld und Unschuld entscheiden.

Menschen nach Maß

Längst rütteln einige Visionäre trotz der Bedenken von Ethikkommissionen und gegen die gesetzlichen Bestimmungen am ultimativen Tabu: Sie prophezeien, dass es noch in diesem Jahrhundert den Menschen nach Maß geben wird, der nicht nur sein eigenes Erbgut, sondern auch das künftiger Generationen nach Gutdünken verändern kann – durch Austausch »unerwünschter« Gene. Als Keimbahntherapie bezeichnet man derartige Eingriffe an Spermien, Eizellen, deren Vorläuferzellen sowie Embryonen bis zum Achtzell-Stadium – das sind zusammen all jene Zellen, deren Erbanlagen bei der Fortpflanzung weitergegeben werden.

Der Mediziner Gregory Stock von der University of California in Los Angeles ist der wohl radikalste Prediger einer Zukunft, in der das genetische Glücksspiel der Natur durch bewusste menschliche Eingriffe abgelöst wird. Schon in 50 Jahren, so Stock, werde die Welt von Wesen bevölkert sein, die auf künstlichen Chromosomen dutzende neuer Gene im Erbgut tragen, etwa solche für Krankheits-Resistenz, für Intelligenz oder Langlebigkeit – so sie sich denn finden lassen. In einer Ära der »Superbiologie« würden Biotechnologiefirmen Erbgut von der Stange anpreisen: »Chromosom 47, Version 2.0.«

Zwar steckt die Keimbahntherapie technisch noch in den Kinderschuhen, sie wird, wenn überhaupt, erst in Jahrzehnten sicher beherrschbar sein. Dennoch erodieren in einigen Forscherköpfen weiter die Grenzen zwischen dem, was man weithin als Medizin bezeichnet, und einer »Verbesserung des Genpools« – also dem, was früher einmal Eugenik hieß und heute im harmlosen begrifflichen Gewand des »genetischen Enhancement« bioethisch diskutiert wird. Der Philosoph Jürgen Habermas hat in seinem Buch »Die Zukunft der menschlichen Natur« dazu die entscheidende Frage gestellt. Befinden sich die wissenschaftlichen Eliten gedanklich inzwischen »auf dem Weg zu einer liberalen Eugenik«?

Reprogrammiert: Embryonen und Klone

Die Grenzen zwischen dem natürlich Gegebenen und dem naturgesetzlich Möglichen verschwimmen immer stärker. Die Naturwissenschaften agieren zunehmend konstruktivistisch. Die Geburt des Klonschafs »Dolly« hat bewiesen, dass Wissenschaftler das Erbgut von Körperzellen so »reprogrammieren« können, dass etwa eine gealterte Hautzelle genetisch in den embryonalen Zustand zurückversetzt wird und so die Entwicklung eines genetisch mit dem Spendererbgut identischen Lebewesens steuern kann.

An dieser Schnittstelle wird rasch deutlich, wie zwei bisher getrennt verlaufende Stränge der Lebenswissenschaft – Genetik und Fortpflanzungsmedizin – sich zu einer neuen Biomacht verbinden. Die Techniken der künstlichen Befruchtung sind sowohl Voraussetzung für das Klonen als auch – und das wird bisher weniger klar gesehen – für gezielte genetische Änderungen in der Keimbahn. Die Genetik kann heute Embryonen im Labor einer Qualitätskontrolle unterwerfen und erlaubt damit die Selektion zwischen verschiedenen potenziellen Menschen. Embryonen sind es auch, in denen sich schon heute im Tierversuch genetische Manipulationen verankern und so über Generationen vererben lassen. Schließlich sind Embryonen das Material, aus dem sich potente Zellen gewinnen lassen, die – genetisch verändert – unter dem Stichwort einer »regenerativen Medizin« ein ganzes Arsenal menschlicher Kranker heilen helfen sollen.

Die Lebenswissenschaften erlauben dem Menschen ungeahnte Eingriffe in seine genetische Konstitution. Wo früher die Natur Grenzen setzte, muss der Mensch künftig sich selbst bei der Manipulation seines Wesens beschränken. Mit welchen Menschenbildern steuern wir in diese »zweite Genesis«? Welche ethischen Überzeugungen liegen diesen zugrunde?

Zwischen Glauben und Wissen – ethische Grundpositionen

Die Fortschritte der Biowissenschaften und Reproduktionsmedizin rühren an Grundprobleme der modernen Ethik. Was sollen wir tun angesichts der gentechnischen Möglichkeiten, menschliches Leben zu schaffen, zu verändern und zu zerstören? Was ist der Wert des Menschen? Die Naturwissenschaften können auf diese Fragen keine moralische Antwort geben, und die Religion spricht nur zu den Gläubigen. Die moderne Ethik sucht einen Weg zwischen Glauben und Wissen.

Lange Zeit bildeten das Wissen von der Natur, der Glaube an das Göttliche und die Vorstellungen von Moral in der europäischen Philosophie eine Einheit. Der griechische Philosoph Aristoteles hat bereits im 4. Jahrhundert vor Christus eine Ethik entworfen, die auf der naturphilosophischen Überzeugung beruhte, dass das Leben die Verwirklichung eines in jedem Lebewesen angelegten Zwecks (Entelechie) ist. Der ursprüngliche Impuls zu dieser teleologischen, auf ein bestimmtes Ziel zustrebenden Bewegung geht nach Aristoteles von Gott, dem »ersten unbewegten Beweger«, aus. Alle Lebewesen folgen ihrer göttlichen Bestimmung. Doch der Mensch ist im Unterschied zu den Pflanzen und Tieren vernunftbegabt (ein zoon logon echon, lat.: animal rationale) und kann sein als Telos in ihm angelegtes Wesen selbst verwirklichen. Gelingt ihm dies, dann führt er ein im ethischen Sinne gutes, d. h. wahrhaft glückliches Leben (bíos agathós).

Aristoteles' Wirkung reichte über die arabische und jüdische Philosophie bis hin zur christlichen Scholastik des Mittelalters und weit darüber hinaus. Noch die im 17. Jahrhundert entstandene »Ethik« des Spinoza und Hegels Philosophie des absoluten Geistes waren Entwürfe einer Gott, die Welt und den Menschen umfassenden Metaphysik, in der Glauben, Wissen und sittliches

Handeln in enger Verbindung standen. Doch schon zu Hegels Zeiten ging der Trend in eine andere Richtung. Spätestens seit der Aufklärung verfolgten Naturwissenschaftler, Theologen und Moralphilosophen jeweils eigene Wege, die zum Teil parallel verliefen, sich oftmals kreuzten, aber letztlich doch in verschiedene Richtungen wiesen.

Wege modernen Denkens

Forscher und Denker wie Galileo Galilei, René Descartes und Isaac Newton trennten im 17. Jahrhundert die körperliche von der geistigen Welt und beschrieben die Natur als ein nach mechanischen Gesetzen funktionierendes System. Der Deismus zog aus diesen Erkenntnissen und der Erfahrung der religiösen Bürgerkriege den Schluss, dass Gott zwar die Welt geschaffen habe, in den Lauf der Dinge jedoch nicht mehr eingreife. Der Mensch, lautete das entsprechende Credo der Aufklärung, ist auf sich gestellt und muss sein Schicksal selbst in die Hand nehmen. Als vernünftiges und freies Wesen ist er weder den Naturgesetzen noch der göttlichen Vorsehung vollständig unterworfen, sondern fähig, nach eigenen Zwecken zu handeln. Sein höchstes Ziel ist es dabei, sich selbst zu vervollkommnen und auf diesem Wege Gott ähnlich zu werden.

Auf der Grundlage dieser Vorstellung von der Autonomie des Individuums entstanden Ende des 18. Jahrhunderts zwei bis heute gültige Typen von Moraltheorien: die Pflicht- und die Nutzenethik. Bevor diese beiden ethischen Grundpositionen näher erläutert werden, sollen die folgenden Darstellungen des religiösen und des naturwissenschaftlichen Lebensbegriffs den Ort der philosophischen Ethik zwischen Glauben und Wissen einkreisen. Denn die Religion besitzt zwar wie die Moralphilosophie einen normativen Begriff vom Menschen, gründet diesen jedoch nicht auf Vernunft, sondern auf den Glauben an Gott. Die Naturwissenschaft beruft sich hingegen auf empirisches und theoretisches Wissen und ist insofern der philosophischen Ethik verwandt, ihr Konzept vom menschlichen Leben ist jedoch rein deskriptiv.

Die Heiligkeit des Lebens – religiöse Glaubenssätze

Das Leben des Menschen ist ein Geschenk Gottes: Diese Überzeugung teilen die Christen mit fast allen Religionen der Welt. Die Bibel beginnt mit dem Bekenntnis zu Gott, dem Schöpfer der Welt. Auf diesem Glauben gründet die christliche Auffassung von der Heiligkeit des Lebens und der Einheit aller Lebewesen. Gottes Schöpfung zu bewahren, ist dem Menschen aufgetragen. Alles Leben auf Erden zu schützen zu erhalten und zu fördern, gehört zu seinen obersten Pflichten. In diesem umfassenden Sinne bezeichnete der Arzt und Theologe Albert Schweitzer die Ethik als eine »ins Grenzenlose erweiterte Verantwortung gegen alles, was lebt«.

Die Sonderstellung, die der Mensch unter den Geschöpfen Gottes einnimmt, beruht auf seiner »Gottesebenbildlichkeit«. Der Mensch wurde zur Ehre seines Schöpfers und zum Lobpreis Gottes (soli deo gloria) erschaffen. Insofern ist er ein Wert an sich und kann nicht gegen andere Werte abgewogen werden. Nur der Mensch besitzt eine unsterbliche Seele und lebt ein selbstbestimmtes Leben auf Erden. Als vernünftiges und freies Wesen, d. h. als autonome Person, ist der Mensch verantwortlich für sein Handeln und zu guten Taten gegenüber seinen Nächsten verpflichtet. Eine Lebensführung gemäß den göttlichen Geboten verspricht ihm ewiges Leben, und danach strebt er sein irdisches Leben lang.

Eines der obersten Gebote der christlichen Ethik lautet: »Du sollst nicht töten.« Seine Gültigkeit beruht auf dem göttlichen Willen, der sich Moses in der Wüste offenbarte. Nicht der Mensch ist hier das Maß der Dinge, sondern Gott. In ihm gründet die Heiligkeit des Lebens, an sein Wort glauben die Menschen. Das Tötungsverbot gilt in Bezug auf die Menschen absolut, wurde jedoch im Laufe der Jahrhunderte unterschiedlich ausgelegt. Umstritten war, von welchem Zeitpunkt an das menschliche Leben eine Seele besaß. Lange Zeit war in der christlichen Kirche die Auffassung verbreitet, dass das Kind im Mutterleib nicht von Anfang an, sondern sukzessiv beseelt würde. Für den einflussreichsten Theologen des Mittelalters, Thomas von Aquin, begann die Beseelung des Körpers bei männlichen Föten mit dem 40. Tag der Schwangerschaft, bei weiblichen mit dem 90.

In Auseinandersetzung mit der modernen Evolutionstheorie und den Möglichkeiten der neuen Lebenswissenschaften argumentieren die katholische wie die evangelische Kirche heute anders: Danach beginnt das menschliche Leben mit der Befruchtung der Eizelle und steht von Anfang an unter dem Schutz des unbedingten Tötungsverbotes. Ein grundlegendes Argument für diese Haltung ist die Bedeutung der Leiblichkeit für die Conditio humana. Im christlichen Selbstverständnis bilden Körper, Geist und Seele eine unauflösliche Einheit. Die Gefährdung eines Teils gefährdet das Ganze, und sei es erst wie beim Embryo potenziell vorhanden. Deswegen steht nicht erst der beseelte oder gar vernünftige Mensch unter dem Schutz des Tötungsverbots, sondern jede Form menschlichen Lebens.

Der entzauberte Mensch – Entwürfe der Wissenschaften

Wann und wie beginnt menschliches Leben? Die Biologie als eigenständige Wissenschaft ist eine Spätgeburt. So datiert die Entdeckung der weiblichen Eizelle erst auf das Jahr 1827. Mit Charles Darwin begann dann Mitte des 19. Jahrhunderts der Wandel hin zu modernen Auffassungen über Ursprung und Entwicklung menschlichen Lebens. Ethisch »verdaut« sind die Folgen der Evolutionstheorie bis heute nicht.

Über viele Jahrhunderte stellte man sich den biologischen Beginn menschlichen Lebens im Denkgerüst der aristotelischen Präformationslehre vor. Danach ist im männlichen Samen schon der ganze Mensch als Homunkulus vorgebildet, der zur Reifung nur in das »Gefäß« der mütterlichen Gebärmutter verpflanzt werden muss – und dort, so die christlichen Theologen, beseelt wird. Folgerichtig wird die menschliche Leibesfrucht im Bauch der Schwangeren noch bis ins 18. Jahrhundert hinein stets als fertiges Kindlein gezeichnet, das auf die Geburt wartet. Das Bild einer embryonalen Entwicklung, bei der ein Fötus nacheinander verschiedene Entwicklungsstadien durchläuft, findet sich erst zur Zeit Goethes auf einigen Kupferstichen. Erleichtert hatte diesen Blick auf das werdende Leben zunächst die naturwissenschaftliche Medizin des 18. Jahrhunderts. Sie beschrieb den menschlichen Körper als bloße Ansammlung von Materie und löste ihn damit von Geist und Seele. Der Körper wurde zum gut geölten Uhrwerk.

Um 1800 entstanden dann die ersten Entwicklungstheorien von der Entstehung und Fortpflanzung der Arten. Zu den Pionieren auf diesem Gebiet gehörte der französische Naturforscher Jean-Baptiste de Lamarck, der auch das Wort »Biologie« prägte. Doch erst Charles Darwins 1859 erschienenes Buch »The Origin of Species« brachte den Durchbruch zu einer modernen Evolutionstheorie und revolutionierte das biologische Denken. Darwin erkannte, dass alle Ähnlichkeit des Lebendigen dieser Erde auf echter biologischer Verwandtschaft beruht. Die Entstehung der Arten erklärte der Gelehrte durch natürliche Selektion. Danach entwickelte sich Leben auf dieser Erde erstmals vor rund vier Milliarden Jahren. Aus einer Population von Individuen mit natürlicher Variation wählt die Selektion in Gestalt ständig wechselnder Umweltbedingungen Individuen mit vorteilhaften Eigenschaften aus. Organismen mit größerer »Fitness« zeugen mehr Nachkommen als ihre Artgenossen und bilden so neue Arten. Die Evolutionstheorie Darwins löste im viktorianischen England heftige Reaktionen aus, zerstörte sie doch die religiös begründete Sonderstellung des Menschen als Krone der Schöpfung.

> »Fitness – ... Maß für den erwarteten durchschnittlichen Fortpflanzungserfolg einer Lebensstrategie. Individuen kann ... kein Fitnesswert zugesprochen werden, da sie nur Repräsentanten einer Strategie sind.«
> Thomas P. Weber, »Darwinismus«

Mit Hilfe der Erkenntnisse aus Evolutionstheorie, Entwicklungsbiologie und Genetik beschreiben die Lebenswissenschaften heute die Entwicklung des Menschen als naturgesetzlich erklärbaren Vorgang. Danach zeugt der Mensch den Menschen. In jeder Generation sorgt ein entwicklungsbiologisches Programm dafür, dass Komplexes (ein Mensch) aus Einfachem (der befruchteten Eizelle) entsteht. Die Entwicklung des genetisch individuellen Menschen beginnt, wenn bei der Fortpflanzung der in den männlichen Samen und der weiblichen Eizelle enthaltene elterliche Chromosomensatz verschmilzt und eine so genannte Zygote entsteht. Nach ersten Teilungen dieser Zygote spezialisieren sich einzelne Tochterzellen, ein Teil der embryonalen Zellen bildet zusammen mit Geweben der Mutter die Plazenta. Nur aus einer kleinen Gruppe von Embryozellen wächst dann der eigentliche menschliche Embryo heran. Jede Fortpflanzung folgt den Gesetzen natürlicher Auslese und bedeutet damit Embryonenverbrauch. Von 100 befruchteten Eizellen gelingt es nur rund der Hälfte, sich erfolgreich in die Gebärmutter einzunisten. Die biologische Selektion lässt nur voll entwicklungsfähige Keime in der Gebärmutter heranreifen. In der neun Monate währenden Schwangerschaft nimmt der Mensch dann in der Organogenese schrittweise Gestalt an.

Was derartige Fakten für die Ethik und den Schutz des Embryos bedeuten, liegt nach heutigem Verständnis der meisten Forscher außerhalb ihrer Wissenschaft. Die Biologie beschreibt, was naturgesetzlich möglich, aber nicht, was moralisch erlaubt ist. Folgerichtig kann der Mensch die sittlichen Grenzen seiner Selbstmanipulation nicht aus den biologischen Erkenntnissen ableiten.

Moderne Ethiken im Widerstreit

Die modernen Wissenschaften haben Gott aus der Natur vertrieben. Überall herrschen dort Gesetze, aber nicht der göttliche Wille. Das gilt insbesondere für den Ursprung des menschlichen Lebens. An die Stelle des Schöpfergottes ist die Evolution getreten, und der Mensch erscheint in dieser Perspektive als eine Spezies unter anderen. Doch das Wissen um die tierische Abstammung des Homo sapiens und die Einsicht in die genetischen Grundlagen unserer individuellen Entwicklung machen nur einen Teil des menschlichen Selbst- und Weltbildes aus. Der Mensch erlebt sich trotz seiner wissenschaftlichen Naturalisierung in erster Linie als ein Kulturwesen, das nicht nur den Gesetzen der Natur unterworfen ist, sondern auch selbst gesetzte Zwecke verfolgt, das nicht nur in einer gegebenen natürlichen Umwelt, sondern auch in einer selbst geschaffenen künstlichen Umgebung lebt. In dieser Welt spielen nicht Naturgesetze, sondern kulturelle bzw. gesellschaftliche Regeln die entscheidende Rolle.

Die Ethik entfaltet sich in diesem kulturellen Raum. Sie sucht seit jeher nach moralischen Prinzipien, die den Einzelnen zu einem sittlichen Lebenswandel anhalten und der Gesellschaft ein friedliches Zusammenleben ermöglichen. Die Säkularisierung der Gesellschaft und die Autonomisierung des Individuums führten in der Moderne zu einer rein innerweltlichen Begründung der Moral, die sich auf die Vernunft und den freien Willen des Menschen stützte. Ende des 18. Jahrhunderts entstanden zwei Grundmuster moderner Ethik, die bis heute wirksam sind und die auch die aktuellen bioethischen Debatten prägen: die deontologische, auch Pflichtethik genannt (von griechisch to deon, die Pflicht), und die utilitaristische, die man auch als Nutzenethik bezeichnen kann (von lateinisch utilitas, der Nutzen). Ist diese stark vom angelsächsischen Denken geprägt, so hat jene ihre Ursprünge in der kontinentalen Philosophie.

Die moderne Ethik begründet ihre Prinzipien nicht mehr mit dem Willen Gottes oder einem Telos der Natur, sondern allein mit der Vernünftigkeit und Freiheit des Menschen, der für sein Handeln verantwortlich ist. Zwei Grundformen lassen sich unterscheiden: die Pflicht- und die Nutzenethik.

Im Interesse aller Menschen – der Utilitarismus

»The Pursuit of Happiness«, das »Streben nach Glück«, ist ein Grundsatz, der in der amerikanischen Verfassung großgeschrieben wird. Er entspricht dem Lebensgefühl demokratischer Gesellschaften, deren höchstes Ziel die Freiheit und das Wohlergehen ihrer Bürger ist. Die Ethik, die dieser Auffassung zugrunde liegt, ist der Utilitarismus. Er kennt keine absoluten Werte, sondern nur relative, die gegeneinander abwägbar sind. Das gilt auch für das menschliche Leben.

Der Begriff »Utilitarismus« geht auf den englischen Philosophen John Stuart Mill zurück. Sein 1863 erschienener Essay »Utilitarism« war eine der einflussreichsten moralphilosophischen Schriften des 19. Jahrhunderts und gilt bis heute als Klassiker. Die Anfänge der Nutzenethik angelsächsischer Prägung liegen jedoch im 18. Jahrhundert. Begründet wurde sie von Jeremy Bentham. Der britische Gelehrte wollte ursprünglich ein grundlegendes Werk zur Rechtsphilosophie schreiben. Doch die als Einleitung gedachten ethischen Reflexionen wuchsen ihm unter den Händen zu einem eigenen Werk: der 1789 veröffentlichten Schrift »Introduction to the Principles of Morals and Legislation«.

Benthams hedonistisches Kalkül

Bentham ging von einer einfachen Überlegung aus: Das Ziel allen menschlichen Strebens ist Glückseligkeit. Alles, was dazu beiträgt, dieses Ziel zu erreichen, ist moralisch gesehen gut, alles, was seine Verwirklichung behindert, schlecht. Diese Auffassung war nicht neu, doch Bentham machte daraus ein rational begründetes System, das auf einem einfachen Prinzip beruhte: der Nützlichkeit. Den Nutzen definierte er im Rückgriff auf den höchsten ethischen Zweck als das, was das Glück des Einzelnen und der

Gruppe befördert. Empirisch nachprüfbares Kennzeichen einer nützlichen Handlung ist die Freude, die sie beim Menschen auslöst, und im umgekehrten Fall das Leid.

Der Clou des Ganzen: Das pragmatische Prinzip und seine empirischen Kriterien erlauben es, alle Handlungen nach einem »hedonistischen Kalkül« zu bewerten. Moralisch richtig sind demnach solche Handlungen, deren Folgen mehr Lust als Schmerz hervorrufen, die also im Ganzen gesehen ein Plus an positiven Empfindungen hinterlassen. Der aufgeklärte Mensch wird bei seinem Streben nach Glück allerdings nicht nur sein Eigeninteresse, sondern auch das der anderen im Blick haben. Das war Benthams Überzeugung. Das Glück jedes Einzelnen war für ihn aufs Engste mit dem Wohlergehen aller verbunden. Das höchste Gut ist so gesehen ein quantifizierbarer Wert: das größtmögliche Glück der größtmöglichen Zahl.

Die vier Prinzipien des Utilitarismus

Der Utilitarismus ist heute sicherlich die verbreitetste Form moralischen Denkens. Seine Prinzipien sind einfach und lebensnah und bestimmen unreflektiert das Alltagshandeln vieler Menschen. Aber auch unter den professionellen Ethikern, den Moralphilosophen, hat der Utilitarismus zahlreiche Anhänger gefunden, und so sind im Laufe der Zeit vielfältige Varianten und Schulen entstanden, die sich zum Teil erbittert bekämpfen. Doch lässt sich ein Kern von vier Prinzipien herausschälen, um die das utilitaristische Denken kreist, auch wenn die einzelnen Positionen zu unterschiedlichen Auslegungen und Gewichtungen kommen.

Zunächst ist festzuhalten, dass der Utilitarismus eine konsequenzialistische Ethik ist (Prinzip der Konsequenz). D. h., ihm geht es im Unterschied zur Pflichtethik nicht um die Haltung des Handelnden, sondern um die Folgen der Handlung. Umstritten ist allerdings, ob bei der Beurteilung nur die intendierten, die voraussehbaren oder die tatsächlich eintretenden Wirkungen zu berücksichtigen sind. Hier liegt das Grundproblem einer folgenorientierten Ethik: Wer kann schon wissen, was sein Tun und

Lassen bewirkt, gerade dann, wenn es sich um Spätfolgen handelt wie etwa erst sehr viel später eintretende Schäden aufgrund eines neuen medizinischen Eingriffs. Inwiefern kann man aber jemanden für etwas verantwortlich machen, das er weder gewollt hat noch voraussehen konnte, und das möglicherweise erst nach seinem Tod, wenn überhaupt, eintreten wird?

Der zweite Grundsatz ist der Nutzen (Prinzip der Utilität). Das scheint ein einfacher Ansatz zu sein. Denn dass nützliche Handlungen besser als schädliche sind, leuchtet jedem ein. Doch dem Utilitarismus geht es keineswegs um einen beliebigen Nutzen. Nützlich im moralischen Sinne sind nur Handlungen, die gut sind. Und hier kommen die beiden letzten Prinzipien des Utilitarismus ins Spiel. Der höchste Wert der utilitaristischen Ethik ist das Glück bzw. Wohlergehen (Prinzip der Hedonität). In ihm sieht der Utilitarist die Erfüllung aller menschlichen Bestrebungen. Entscheidend ist dabei jedoch, dass nicht nur Einzelne oder Gruppen glücklich sind, sondern die größtmögliche Zahl im größtmöglichen Maß (Prinzip der Universalität). Die Nützlichkeit einer Handlung wird also immer danach zu beurteilen sein, inwiefern sie zum Wohlergehen des Handelnden und aller Betroffenen beiträgt.

Auch hier gibt es Kritik und unterschiedliche Auslegungen. Umstritten ist, was unter Glück zu verstehen ist. Geht es dabei um materiellen Wohlstand, ein Lebensgefühl oder die Erfüllung von Wünschen, Präferenzen bzw. Interessen? Für einen interessenethisch argumentierenden Utilitarismus etwa ist die Glückssumme einer Handlung dann am größten, wenn die Interessen der betreffenden Personen zusammengerechnet optimal verwirklicht sind. Nach welchen Kriterien aber ist das größtmögliche Glück der größtmöglichen Zahl zu berechnen? Handelt es sich um eine bloße Abwägung unterschiedlicher Möglichkeiten oder um ein Kosten-Nutzen-Kalkül? Strittig ist auch, ob der moralische Wert einer Handlung nach ihren unmittelbaren Folgen (Handlungsutilitarismus) zu beurteilen ist oder nach der Einhaltung von Regeln, die als solche das Wohlergehen der Menschen gewährleisten (Regelutilitarismus).

Welchen Nutzen hat das menschliche Leben?

Anders als die Pflichtethik kennt die Nutzenethik keine absoluten Gebote. Das gilt auch für das Menschenrecht auf Leben. Im utilitaristischen Gesamtkalkül ist das Leben des Einzelnen nur dann schützenswert, wenn dies zum größtmöglichen Nutzen aller beiträgt. Nun bedeutet die Tötung eines Menschen, sein Streben nach Glück und damit ein denkbares zukünftiges Wohlergehen zu beenden. Damit aber verschlechtert sich möglicherweise die utilitaristische Gesamtbilanz. Insofern kann es für eine Gesellschaft sinnvoll sein, das menschliche Leben unter Schutz zu stellen, wobei auch weiterhin Gewinn und Verlust dieses Schutzes mit Blick auf das Ganze gegeneinander abzuwägen sind. So kann der Utilitarismus in Konflikt geraten mit traditionellen Vorstellungen von Gerechtigkeit. Denn ihm fehlt streng genommen eine Grundlage, die Tötung eines unschuldigen Menschen zu verurteilen, falls diese Tat für möglichst viele Menschen ein möglichst hohes Gut erzeugt. Trotz dieser relativistischen Grundhaltung kennt auch die moderne utilitaristische Ethik ein allgemeines Recht auf Leben. Die Würde des einzelnen Menschen spielt bei seiner Begründung allerdings keine Rolle, weil sie als metaphysische bzw. religiöse Fiktion zur Regulierung menschlichen Zusammenlebens gilt. Empirisch gesehen zählt allein das natürliche Überlebensinteresse aller Menschen. Es ist eine Art Urform ihres Strebens nach Glück, das erste Bedürfnis, das sie zu befriedigen suchen. Um dieses grundlegende Interesse aller zu sichern, bedarf es einer allgemein verbindlichen, gesetzlichen Regelung.

Der Utilitarismus spielt in den aktuellen bioethischen Debatten eine bedeutende Rolle. Seine bekanntesten Vertreter stammen zumeist aus Großbritannien und den USA, aber auch in Deutschland findet diese Position immer mehr Anhänger. In den Diskussionen um die Zulässigkeit von Euthanasie, Eugenik und der Embryonenforschung stehen sie in einem scheinbar unaufhebbaren Gegensatz zu den Vertretern der anderen großen Ethiktradition der Moderne: der Pflichtethik.

Im Namen der menschlichen Würde – die Pflichtethik

Die Achtung der Menschenwürde ist das Grundgesetz aller demokratischen Verfassungen und des Völkerrechts. Auf ihr beruhen die allgemeinen Menschenrechte, die zum Kernbestand der modernen Rechts- und Moralvorstellungen gehören. Die philosophischen Grundlagen dieses Denkens legt die Pflichtethik.

»Die Würde des Menschen ist unantastbar.« Auf diesem einfachen Prinzip ruht die Verfassung der Bundesrepublik Deutschland. »Sie zu achten und zu schützen«, heißt es weiter in Artikel 1 des Grundgesetzes, »ist die Verpflichtung aller staatlichen Gewalt.« Das moralische Prinzip der Menschenwürde wird damit nicht nur zum obersten Rechtsgrundsatz, der alle anderen Grundrechte und Verfassungsartikel bestimmt, sondern auch zur höchsten Norm des politischen Handelns. Ähnliche Formulierungen, wenn auch selten so weit gehende, finden sich in allen demokratischen Verfassungen. Und auch die Charta der Vereinten Nationen beruft sich auf das Prinzip der Menschenwürde als dem Fundament der allgemeinen Menschenrechte. Die Ursprünge dieses Denkens liegen in der europäischen Aufklärung. Der Königsberger Philosoph Immanuel Kant hat ihr in den 1780er Jahren die Gestalt einer Pflichtethik gegeben, deren Wirkung bis heute die aktuellen Debatten über den Umgang mit menschlichem Leben im Zeitalter der Biotechnik bestimmt.

Das Prinzip der Menschenwürde

Kants Ethik beruht auf der Würde des Menschen. Sie ist nicht das Ziel moralischen Handelns, sondern dessen Bedingung. Denn Würde besitzt der Mensch nur insofern, als er sein eigener Zweck ist. Das unterscheidet ihn grundlegend von allen anderen Lebewesen, die in der Ordnung der Natur stets anderen, höheren

Zwecken unterworfen sind. Nur der Mensch ist in der Lage, diese Kette zu durchbrechen und sich selbst Ziele zu setzen. Auf diese Weise hat er sich als geistiges Wesen von der Natur gelöst und sich mit der Kultur eine eigene Umwelt geschaffen, in der die moralischen und nicht die natürlichen Gesetze gelten. Der oberste Grundsatz dieser sittlichen Welt lautet deswegen: Der Mensch darf niemals nur als Mittel, sondern muss immer auch als Zweck behandelt werden. Dieser »praktische Imperativ« gilt sowohl für den Umgang des Einzelnen mit sich als auch mit anderen.

Die Menschenwürde zum obersten Prinzip zu machen, unterscheidet Kants deontologische Ethik grundlegend von der des Utilitarismus. Denn Würde ist ein innerer Wert, der jedem Menschen unabhängig von seinem Tun und Lassen zukommt und der letztlich auf seiner Vernunft beruht. Kant unterscheidet die Würde deswegen auch ausdrücklich vom »Preis« als einem äußeren Wert, der auf menschliche Bedürfnisse oder Gefühle zurückgeht. Das, was einen Preis hat, ist ersetzbar und kann gegen ein Äquivalent, z. B. Geld, eingetauscht werden. Das, was keinen gleichwertigen Ersatz hat, weil es als Selbstzweck ein Wert an sich ist, dem kommt Würde zu. Für den Utilitarismus gibt es einen solchen absoluten Wert nicht. Alles hat moralisch gesehen seinen Preis, weil es sich nach den Bedürfnissen und Interessen von Menschen richtet. Deswegen sind auch alle Güter prinzipiell gegeneinander abwägbar und austauschbar, wenn sie in der Gesamtsumme einen Mehrwert ergeben. Dieser lässt sich in Form eines Kosten-Nutzen-Kalküls errechnen.

> »Handle so, dass du die Menschheit, sowohl in deiner Person, als in der Person eines jeden andern, jederzeit zugleich als Zweck, niemals bloß als Mittel brauchest.«
>
> Immanuel Kant, »Grundlegung zur Metaphysik der Sitten«

Die Freiheit des Individuums und die Notwendigkeit des Sittengesetzes

Die Fähigkeit des Menschen, sich selbst als absoluten Wert zu begreifen und damit Würde zu zeigen, gründet in seiner Vernunft und seinem freien Willen. Kant spricht von der menschlichen Autonomie. Darunter versteht er allerdings nicht die Freiheit, zu tun, was einem beliebt, sondern das Vermögen, sich selbst

Gesetze zu geben und diese aus freien Stücken zu befolgen. Der Mensch ist also im doppelten Sinne des Wortes ein moralisches Subjekt: Er erkennt die sittlichen Prinzipien, stellt die entsprechenden moralischen Regeln auf und unterwirft sich ihnen. Auf der politischen Ebene heißt diese Form der Selbstgesetzgebung demokratischer Rechtsstaat.

Grundsätzlich handelt es sich bei Kants Sittenlehre um eine Individualethik. Das autonome Subjekt ist der Ausgangs- und Zielpunkt der kantischen Reflexionen. Die gesellschaftliche Dimension spielt, anders als beim Utilitarismus, für den sie zentral ist, streng genommen keine Rolle, da sie nicht in den Bereich der Ethik, sondern in den von Recht und Politik fällt. Dort wird das Zusammenleben der Menschen in seinen äußerlichen Beziehungen geregelt. Der Ethik geht es nicht um den Umgang der Bürger miteinander, sondern um das Verhalten des Menschen gegenüber sich selbst und seinen Mitmenschen. Insofern kann auch von einer Gattungsethik gesprochen werden. Denn jeder Einzelne muss nach Kant im Sinne aller handeln, will er sich moralisch verhalten. Der »kategorische Imperativ« der Pflichtethik lautet deshalb: Handle so, dass die Maxime deines Willens jederzeit zu einem allgemeinen Gesetz erhoben werden kann.

Das freie Individuum ist also moralisch gesehen verpflichtet, stets so zu handeln, als ob es im Namen der Menschheit handle. Individuelle Bedürfnisse und gesellschaftliche Interessen spielen dabei keine Rolle. Denn die Pflicht ist nach Kant nichts anderes als die Notwendigkeit einer Handlung aus Achtung für das Gesetz. Salopp formuliert: Tue Gutes um des Guten willen. Welche Folgen solch pflichtgemäßes Handeln zeitigt, ob sie den Menschen glücklich oder unglücklich machen, ob sie das größtmögliche Wohl der größtmöglichen Zahl ermöglichen, ist ethisch irrelevant. Allein die Haltung zählt.

Die Pflicht, menschliches Leben zu schützen

In der aktuellen Debatte um die Behandlung von Embryonen und den Schutz des ungeborenen Lebens spielt die deontologische

Ethik in der Tradition Kants eine zentrale Rolle. Aus der Würde des Menschen wird die unbedingte Pflicht für jeden abgeleitet, menschliches Leben zu schützen. Das christliche Gebot »Du sollst nicht töten« steht hier Pate, erhält aber eine innerweltliche Begründung. Nicht weil der Mensch von Gott geschaffen wurde und sein Ebenbild ist, kommt ihm Menschenwürde und damit ein Recht auf Leben zu, sondern weil er als sittliches Wesen sein eigener Zweck ist. Die Würde, die er als freies und moralisches Subjekt besitzt, geht verloren, wenn seine Existenz vernichtet wird. Das Recht auf Leben gilt im Rahmen einer deontologischen Ethik absolut, weil mit seiner Aufgabe die Grundlagen der Sittlichkeit selbst zerstört würden. Die Möglichkeit, die Menschenwürde und das von ihr geschützte Recht auf Leben gegen andere Menschenrechte abzuwägen, wie das auf freie Entfaltung der Persönlichkeit, auf körperliche Unversehrtheit oder die Freiheit der Forschung, besteht nicht.

Die deontologische Ethik in der Tradition der kantischen Transzendentalphilosophie hat in Deutschland eine Hochburg. In den bioethischen Debatten der letzten Jahre trat sie als Verteidigerin der absoluten Geltung der Menschenwürde gegen utilitaristische Relativierungsversuche hervor.

Die Gretchenfrage:
»Was ist der Mensch?«

Das zentrale Thema jeder Ethik ist der Umgang des Menschen mit sich und seinesgleichen. Dabei stellt sich die Frage nach Wesen und Wert des menschlichen Lebens. Das gilt insbesondere für die Bioethik. Ein Großteil ihrer Debatten wie die über Embryonenforschung, Klonen, Abtreibung, Eugenik und Euthanasie kreist um die Frage, wem der Status und damit die Rechte eines Menschen zukommen und wem nicht.

In dem weiten Feld der Bioethik erregen vor allem diejenigen Debatten das öffentliche Interesse, die sich mit der existenziellen Frage von Leben und Tod befassen. Das gilt für die Diskussion über Sinn und Zweck von Organspenden ebenso wie für den Streit um die Rechtmäßigkeit der Sterbehilfe, die geschichtlich belasteten Auseinandersetzungen über Euthanasie und Eugenik, die anhaltende Kontroverse über die Zulässigkeit der Abtreibung sowie die aktuellen Debatten über die embryonenverbrauchende Stammzellenforschung und das Klonen von Menschen. Dabei geht es stets um Wesen und Wert des menschlichen Lebens: Wann und wie beginnt es, was zeichnet es aus, wann und wie endet es? Darf der Mensch das Leben anderer Menschen beenden, oder ist er in bestimmten Fällen sogar dazu verpflichtet? Darf er menschliches Leben schaffen oder manipulieren, und wenn ja, unter welchen Voraussetzungen?

Die natürlichen Grenzen von Leben und Tod, die seit Menschengedenken unser Dasein bestimmen, haben sich im Gefolge der biomedizinischen Revolution verschoben. Seit die Reproduktionsmedizin menschliches Leben im Reagenzglas erzeugt, stellt sich die Frage nach den Anfängen unserer Existenz anders als zuvor. Ähnliches gilt für ihr Ende. Der Tod verliert seine eindeutige Endgültigkeit in einer Welt, die in der Lage und bereit ist, Menschen ohne Hoffnung auf Heilung im Koma über Jahre am Leben zu erhalten. Nicht zufällig lassen sich immer mehr Menschen nach ihrem Ableben einfrieren oder ihr genetisches Material konservieren, in der Hoffnung auf Fortschritte der Biowissenschaften im Bereich der (Wieder-)Herstellung von Leben.

Der Tod als Variable

Wer tot ist, das bestimmt der Arzt. Doch nach welchen Kriterien stellt er den Totenschein aus? Jahrhundertelang galten das Versagen des Herzens und der Zusammenbruch des Kreislaufs als Ende des Lebens. Das entsprach dem alltäglichen Erleben der Menschen. Doch seitdem die Medizin große Erfolge bei der Wiederbelebung nach einem Herzstillstand erzielt, ist dieses Todeskriterium fragwürdig geworden. Es hätte nun nahe gelegen, den Tod dann festzustellen, wenn alle Reanimationsversuche fehlgeschlagen sind. Doch die Fortschritte bei der Transplantation von Organen und der steigende Bedarf an funktionsfähigen Nieren, Herzen und Lebern sprachen für ein anderes Todeskriterium: das irreversible Ende aller Hirnfunktionen.

Das Hirntodkriterium ist ethisch gesehen jedoch nicht unproblematisch, da es die Gehirnfunktionen des Menschen über seine organischen stellt. Der Körper kann aber auch ohne Gehirn weiterleben – wenn auch nur mit fremder Hilfe. Bedenklich ist zudem, dass die Verschiebung in der Auffassung des menschlichen Todes auch fremden Interessen dient: Die Transplantation braucht in gewisser Weise »lebende Leichen« mit funktionstüchtigen Organen. Aus der Perspektive des auf eine Organspende angewiesenen Patienten sieht der Vorgang allerdings ganz anders aus. Für ihn ist das Hirntodkriterium geradezu ethisch geboten. Ein typisches Dilemma divergierender Rechte und Interessen, mit dem sich die Bioethik auseinander zu setzen hat.

Leben und sterben lassen

Andere ethische Probleme stellen sich im Fall der Sterbehilfe oder des Sterbenlassens. Der Freitod wird zwar von einer rein weltlichen Ethik, die auf der Autonomie des Menschen beruht, nicht als moralisch verwerflich angesehen. Etwas anderes ist es aber, wenn der Sterbewillige seinen Wunsch nur mit fremder Hilfe erfüllen kann. Dann tritt für den potenziellen Sterbehelfer ein ethisches Dilemma auf: Gilt das generelle Tötungsverbot auch dann, wenn das »Opfer« seinen Tod fordert, weil es so von einem für ihn unerträglichen Leben erlöst wird?

Neben dieser prinzipiellen Frage stellen sich eine Reihe praktischer: Ist ein Leidender überhaupt in der Lage, eine solche Entscheidung zu treffen? Was ist mit Menschen, die sich nicht selbst artikulieren können, wie z. B. geistig Verwirrte, Komapatienten oder lebensunfähige Neugeborene, deren Leben aber ein offenkundiges Leiden ohne Hoffnung ist? Wer trifft hier auf welcher Grundlage die Entscheidung, und wo zieht man die Grenze? Denn Sterbehilfe und Sterbenlassen sind Euthanasie, was wortwörtlich »guter Tod« und im übertragenen Sinne »Tod zum Wohl des Sterbenden« heißt. Die Geschichte hat diesem Wort aber noch eine andere Bedeutung gegeben: die rassistisch begründete Tötung vermeintlich »lebensunwerten« Lebens vor allem geistig Behinderter in der NS-Zeit. Diese Praxis hat uns hellhörig werden lassen, wenn es um das Thema Sterbehilfe geht. Und das ist auch gut so, denn die Geschichte zeigt, was eigentlich undenkbar, aber doch menschenmöglich ist.

Das Leben als Produkt

Die Nationalsozialisten wollten nicht nur »lebensunwertes« Leben »ausmerzen«, wie sie es nannten, sie wollten auch im Sinne ihrer Rassenideologie »wertvolles« Leben durch Selektion schaffen. Die Mittel dazu lieferte die Eugenik, die seit dem 19. Jahrhundert betriebene »Erbgesundheitslehre«. Auch diese ist ein Thema der aktuellen bioethischen Debatte. Dabei wird unterschieden zwischen einer positiven Eugenik, die durch Geburtenkontrolle oder gezielte Eingriffe bestimmte, vorab festgelegte genetische Eigenschaften verbessern will, und einer negativen Eugenik, der es um die Verhinderung von Krankheiten geht.

Die Mittel dazu liefern die neuen Biotechniken, die genetische Diagnosen und Manipulationen schon zu Beginn des menschlichen Lebens ermöglichen. Die Versprechen der Biomedizin auf diesem Gebiet sind groß. Sie reichen von der Garantie gesunder Kinder bis hin zum Angebot der Schaffung perfekter Wesen.

Der Streit um die Zulässigkeit eugenischer Maßnahmen kreist um die Frage, welcher moralische Status dem Embryo zukommt. Ist er als Mensch anzusehen, der unter dem Schutz der Menschenrechte steht, oder handelt es sich bloß um eine Frühform menschlichen Lebens, die noch nicht moralfähig ist? Die Befürworter der Eugenik verweisen gerne auf die Abtreibung. Auch hier entscheide ein anderer, nämlich die Mutter, über Leben und Tod des Embryos aufgrund hochrangiger Ziele: dem Schutz des eigenen Lebens oder des Rechts auf Selbstbestimmung. Diese Argumentation übersieht allerdings, dass der Schwangerschaftsabbruch zumindest in der Bundesrepublik prinzipiell als Unrecht angesehen, aber aufgrund des besonderen Verhältnisses von Mutter und Kind straffrei gestellt wird.

Die Eugeniker treten dem Embryo eben gerade nicht als Verbundene, sondern als Fremde gegenüber. Dies ist möglich, weil die Biowissenschaften und -medizin dieses natürlicherweise verborgene Wesen ans Licht der Öffentlichkeit gezerrt haben. Mit der Pränataldiagnostik (PND) können die genetischen Eigenschaften des Ungeborenen eingesehen und zur Grundlage eines Schwangerschaftsabbruchs gemacht werden. Mit der In-Vitro-Fertilisation (IVF) werden Kinder in der Petrischale gezeugt und können mit Hilfe der Präimplantationsdiagnostik (PID) noch vor ihrer Einpflanzung in die Gebärmutter selektiert werden. Die biotechnische Verfügbarkeit des Embryos macht diesen zu einem Objekt fremder Interessen. Die Stammzellenforschung braucht ihn ebenso als Rohstoff wie das therapeutische und das reproduktive Klonen. Bei all diesen Eingriffen werden Embryonen

»Wenn einer mir zum Beispiel von einem KZ erzählt, in dem Menschen gefoltert werden, dann brauche ich nicht mehr zu fragen: Wer wird gefoltert und zu welchem Zweck?, sondern ich kann von vorneherein sagen, dass das, was hier geschieht, schlecht ist. Wenn wir davon ausgehen, dass Embryonen Menschen sind, dann ist klar, dass es keine Gründe geben kann, auf sie zurückzugreifen, sie zu verbrauchen, um anderen Menschen zu helfen.«
Robert Spaemann

und damit menschliches Leben vernichtet. Zudem steht mit der Möglichkeit der künstlichen Schaffung oder Veränderung der genetischen Konstitution das menschliche Selbstverständnis auf dem Spiel. All dies hat in den letzten Jahren zu einem heftigen öffentlichen Streit über die Zulässigkeit von PID, embryonaler Stammzellenforschung und Klonen geführt, der die bioethischen Debatten beherrscht. Tatsächlich geht es hier um grundlegende Probleme der Bioethik und darüber hinaus um die Fundamente unserer ethischen Überzeugungen. Grund genug, das Thema in den Mittelpunkt zu rücken und die Möglichkeiten und Grenzen der Bioethik entlang der Frage nach dem moralischen Status des menschlichen Embryos im Zeitalter seiner biotechnischen Manipulierbarkeit zu untersuchen.

Der Umgang mit den menschlichen Embryonen bestimmt die »Zukunft der menschlichen Natur«, wie Jürgen Habermas es formulierte. Ein genauer Blick auf die Hintergründe ist deswegen geboten. Was bedeutet Embryonenforschung? Ist der Embryo überhaupt ein Mensch, und wenn ja, von welchem Zeitpunkt an? Überzeugen die Antworten der modernen Ethiken? Oder brauchen wir neue moralische Kriterien?

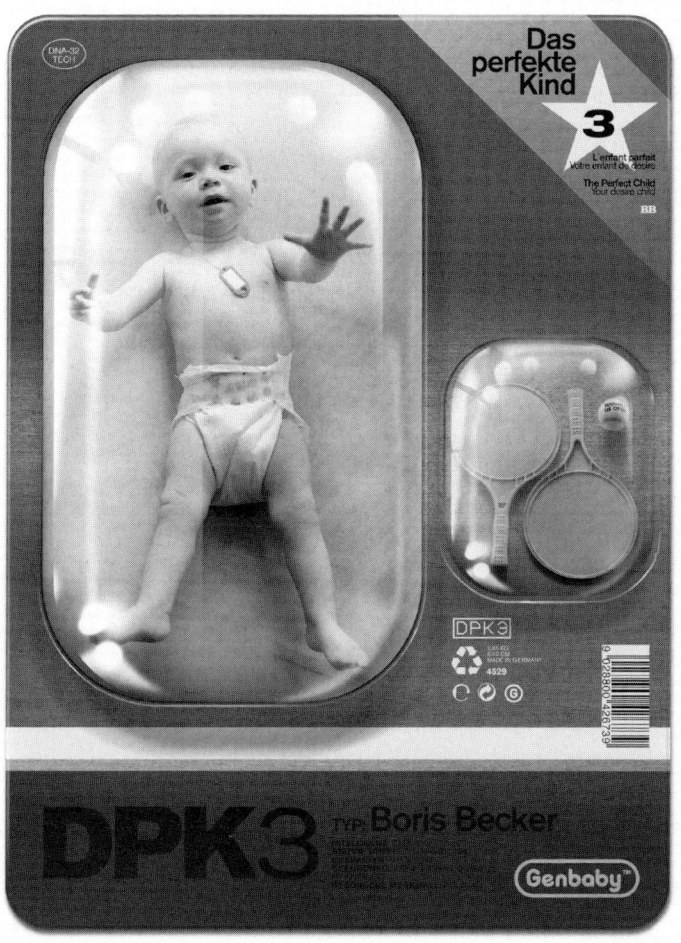

Büro X Wien »Genbaby Typ Boris Becker«

Der Embryo – das Objekt der Begierde

Ganz zu Anfang ist der Mensch kleiner als der Punkt am Ende dieses Satzes. Wer einen sechs Tage alten menschlichen Embryo unter einem Mikroskop anschaut, erblickt eine winzige Hohlkugel mit kaum mehr als 180 Zellen. Noch keine Spur von schlagenden Herzen oder rhythmisch feuernden Nervenzellen. Warum ist genau dieses Gebilde zu einem der begehrtesten Objekte der Medizin avanciert?

Obwohl nicht jeder befruchtete Embryo das Potenzial besitzt, ein Mensch zu werden – sexuelle Fortpflanzung bedeutet natürlicherweise Embryonenverbrauch –, steht in Deutschland verfassungsrechtlich jede Eizelle nach dem Abschluss der Befruchtung unter dem Schutz der Menschenwürde. Zwar kann es dem werdenden Menschen passieren, durch eine als Verhütungsmittel eingesetzte Spirale daran gehindert zu werden, den Weg in die Gebärmutter zu finden. Außerhalb des Körpers aber genießt jeder Embryo strafrechtlichen Schutz – auf den er nach Ansicht deutscher Verfassungsrichter auch in besonderem Maße angewiesen ist. Denn menschliche Keimlinge sind zu einem der begehrtesten Objekte der Medizin avanciert: Ihre Zellen sind Alleskönner, Jungbrunnen und wertvoller Rohstoff. Forscher wollen mit Embryonen endlich das Rätsel lösen, wie aus einer Zelle ein Mensch entsteht. Ärzte wollen mit embryonalen Stammzellen heilen. Kein Wunder, dass um den moralischen Status menschlicher Embryonen eine heftige Kontroverse entbrannt ist – und das weltweit.

Eine der politisch brisantesten Fragen lautet: Darf frühes menschliches Leben benutzt werden, um das Leid geborener Menschen zu lindern? Während die einen den frühen menschlichen Embryo von Anfang an als heilig und damit unantastbar erklären, gilt er anderen als bloßer »Zellhaufen«, der erst allmählich menschliche Gestalt annimmt. Wieder andere zollen zwar dem frühen Embryo Respekt, möchten aber dennoch unfruchtbaren

Paaren helfen, dank künstlicher Befruchtung schwanger zu werden. Den Pionieren der Fortpflanzungsmedizin gelang es 1971 erstmals, menschliche Samen und Eizellen künstlich im Reagenzglas zu befruchten und die entstandenen menschlichen Embryonen einige Tage außerhalb der Frau am Leben zu erhalten.

Der Rubikon ist überschritten

Nach Jahren intensiver Embryonenforschung wurde 1978 in Großbritannien Louise Joy Brown geboren, das erste »Retortenbaby«. Damit war der Rubikon überschritten. Um menschliche Unfruchtbarkeit zu behandeln, fallen seither als Nebenfolge weltweit Millionen wenige Tage alte Embryonen an. Ein Beispiel: In Großbritannien wacht seit 1991 die »Human Fertilisation and Embryology Authority« (HFEA) akribisch darüber, wie viele Embryonen verwendet werden. Nach deren Statistik erzeugten allein britische Fortpflanzungsmediziner für die Geburt von knapp 40 000 IVF-Kindern zwischen August 1991 und März 1998 insgesamt 763 509 menschliche Embryonen im Reagenzglas. Davon wurden 351 617 in den Mutterleib verpflanzt und 183 786 überzählige für spätere Behandlungszyklen eingefroren. Der Rest wurde verworfen oder für die Forschung verwendet.

Das ist in Deutschland streng verboten. Hierzulande ist es seit 1990 strafbar, menschliche Embryonen zu einem anderen Zweck zu erzeugen als dem, eine Schwangerschaft herbeizuführen. Jeder im Reagenzglas erzeugte Embryo muss daher der Frau eingepflanzt werden, maximal dürfen es drei sein. Das ist der Grund, weswegen sich hierzulande nach Angaben des deutschen IVF-Registers derzeit weniger als 50 Embryonen in den Kühltruhen der Fortpflanzungsmediziner befinden. Dabei handelt es sich um befruchtete Eizellen, eingefroren nach einem medizinischen Notfall während der Behandlung.

Damit Frauen trotz der restriktiven gesetzlichen Vorgaben nicht für jeden IVF-Behandlungszyklus hormonell neu stimuliert werden müssen, um Eizellen zu gewinnen, beschreiten deutsche Fortpflanzungsmediziner einen Sonderweg. Allein in den Jahren

1998 bis 2000 wurden insgesamt 126772 befruchtete Eizellen im so genannten Vorkernstadium eingefroren. In diesem Stadium liegen männliches und weibliches Erbgut noch getrennt in der Eizelle vor: Rechtlich gilt dies als »nicht vollendete Befruchtung«. Was mit all den eingefrorenen, überzähligen Vorkernstadien in Deutschland geschehen soll, weiß derzeit niemand.

Kleine Methodenlehre der Embryonenmanipulation

Seit der frühe Embryo außerhalb des Körpers verfügbar ist, haben sich eine Reihe raffinierter Techniken entwickelt, ihn zu manipulieren. Neben den klassischen Methoden, weibliche und männliche Unfruchtbarkeit durch künstliche Befruchtung oder eine direkte Spermieninjektion in die Eizelle zu beheben, haben sich zwei Felder eröffnet. Zum einen die Möglichkeiten molekulargenetischer Diagnostik am frühen Embryo, zum anderen die Gewinnung embryonaler Stammzellen für die Transplantationsmedizin. Beide Verfahren sind in Deutschland besonders umstritten, weil sie mit einem bisher verbotenen Embryonenverbrauch einhergehen.

Bei der Präimplantationsdiagnostik können einzelne Zellen des frühen Embryos auf erbliche Defekte hin durchleuchtet werden – in den USA sogar auf das Geschlecht von IVF-Embryonen. Embryonen mit unerwünschten Eigenschaften verwirft man. Sollte die PID in Deutschland erlaubt werden, würden als Folge im Widerspruch zum bisherigen Ziel des Embryonenschutzgesetzes zwangsläufig vermehrt überzählige Embryonen anfallen. Bisher dürfen Mediziner bei der IVF nur so viele Embryonen erzeugen, wie sie der Frau einpflanzen wollen, also maximal drei. Für eine PID wären das zu wenige, weil ein Teil der Embryonen Merkmale der jeweils getesteten Erbkrankheiten aufweisen würde. Sind wie in Großbritannien erst einmal große Mengen »überzähliger« Embryonen verfügbar, stellt sich die Frage, ob sie weggeworfen oder für die Forschung zur Verfügung stehen sollen. Ein Ziel der Forschung ist es, emb-

»Es ist eindeutig nicht dasselbe wie du und ich. Es hat keine Nase, kein Herz, es kann nicht fühlen. Niemand weiß, ob es sich je zu menschlichem Leben entwickeln kann. Es ist nicht nichts. Aber es ist nicht vergleichbar mit dem, was wir unter menschlichem Leben verstehen.«

Austin Smith, Stammzellenforscher der Universität Edinburgh, über den frühen Embryo

ryonale Stammzellen zu gewinnen, um daraus Gewebe für die Behandlung schwerer Krankheiten herzustellen. Bisher müssen dutzende Embryonen zerstört werden, um eine brauchbare embryonale Stammzelllinie zu etablieren. Noch umstrittener ist das so genannte therapeutische Klonen, bei dem genetisch mit einem Spender identische embryonale Stammzelllinien erzeugt und damit quasi Embryonen als Rohstoff behandelt werden. Hierzu müssen Embryonen eigens erzeugt werden, um sie nach einigen Tagen zu zerstören. Nur so gelangen Forscher an die begehrten embryonalen Stammzellen.

Der Rohstoff Embryo ist begehrt: Mediziner, Patienten und Eltern knüpfen Hoffnungen an seine Manipulation. Umso drängender ist die Klärung der Frage, welcher moralische Status menschlichen Embryonen zukommt und von welchem Stadium ihrer Entwicklung an.

Der Anfang des menschlichen Lebens

Handelt es sich bei dem winzigen Zellkügelchen, das für das bloße Auge kaum sichtbar ist, schon um einen Menschen im moralischen Sinne? Egal, ob man als Pflichtethiker oder als Utilitarist argumentiert, mit beiden Positionen lässt sich ein Schutz des menschlichen Lebens von Anfang an begründen.

Die Würde des Menschen beginnt mit dem Akt der Zeugung

Für Kant war die Sache klar. Im »Akt der Zeugung«, heißt es in der »Metaphysik der Sitten«, entsteht eine »Person« – ein Individuum, das im Unterschied zu anderen Lebewesen mit »Freiheit begabt« und insofern als Selbstzweck anzusehen ist. Nun wusste der Aufklärer noch nichts von den Möglichkeiten der modernen Reproduktionsmedizin. Die künstliche Befruchtung hat die Zeugung eines Menschen zu einem technischen Vorgang gemacht. Das Bundesverfassungsgericht hat daraus Konsequenzen gezogen und die Verschmelzung von Eizelle und Samen zum Kriterium für den Beginn schutzwürdigen menschlichen Lebens im strengen Sinne erklärt. Damit kommt dem Embryo von Anfang an Menschenwürde und ein Recht auf Leben zu. Allein in extremen Notwehr- und Nothilfesituationen, wo Leben gegen Leben steht, kann dieses Recht aufgehoben werden.

Die obersten Richter beriefen sich bei ihren Entscheidungen zum Schutz des ungeborenen Lebens nicht auf naturwissenschaftliche Erkenntnisse, sondern auf philosophische Überlegungen aus dem Bereich der deontologischen Ethik. Danach gehört der Embryo von Anfang an nicht nur zur Gattung Mensch (Speziesargument), sondern ist auch schon individuelles Leben mit eigener Identität (Identitätsargument). Denn die befruchtete Eizelle besitze das Potenzial, sich kontinuierlich zu einer autonomen Person und damit zu einem moralischen Subjekt zu entwickeln (Potenzialitäts- und Kontinuumsargument).

Ein Embryonenschutz von Anfang an
dient den Interessen aller

Auch Utilitaristen können das menschliche Leben von Beginn an für schützenswert halten. Doch berufen sie sich dabei nicht auf die Menschenwürde und müssen deswegen auch nicht mit den Persönlichkeitspotenzialen einer befruchteten Eizelle argumentieren. Für sie ist entscheidend, ob der frühestmögliche Schutz von Embryonen im Interesse aller ist oder den größtmöglichen Nutzen für die größtmögliche Zahl bringt. In dieser pragmatischen Sicht spricht für das Kriterium der Verschmelzung von Eizelle und Samen die grundlegende Bedeutung, die das Recht auf Leben für den Bestand einer Gesellschaft und den Erhalt der Menschheit hat. Mit den Embryonen schützt der Mensch seine existenziellen Grundlagen.

Dieses Lebensrecht ist allerdings nicht absolut, da es nicht auf dem unhintergehbaren Prinzip der Menschenwürde, sondern auf dem wesentlich schwächeren der Gattungssolidarität beruht. Es wird den Ungeborenen von den Geborenen gewährt und kann deswegen im Einzelfall gegen andere Interessen abgewogen und aufgegeben werden. Denkbar ist auch, dass das Selbsterhaltungsinteresse einer Gesellschaft irgendwann die Vernichtung befruchteter Eizellen als nützlicher ansieht als ihren Erhalt. Das könnte zum Beispiel der Fall sein, wenn nur auf diese Weise ein das Überleben der Menschheit gefährdender Rückgang von Schwangerschaften zu erforschen wäre. In einem solchen Fall könnte es die Gattungssolidarität geradezu gebieten, die menschliche Zygote zu Forschungszwecken zu vernichten.

Einen absoluten Schutz des menschlichen Lebens von Anfang an gewährt nur eine Ethik, die sich auf die Menschenwürde beruft. Das von Utilitaristen eingesetzte Prinzip der Gattungssolidarität reicht dazu nicht aus. Denn im Falle eines Falles kann im Namen der Gattung die Vernichtung ungeborenen Lebens aus Solidarität mit den Geborenen eingefordert werden.

Das Werden des Embryos

Die Berufung auf die Menschenwürde kann zu einer Position führen, die dem werdenden menschlichen Leben erst in einem fortgeschrittenen Stadium absoluten Schutz zukommen lässt. Prototyp einer solchen Haltung ist der einflussreiche Bericht der britischen Warnock-Kommission von 1984.

Die Warnock-Kommission war eine Versammlung hochrangiger Experten unter Leitung der Philosophin Mary Warnock, die von der britischen Regierung als Reaktion auf die erste Geburt eines künstlich im Reagenzglas erzeugten Kindes einberufen wurde. Sie widmete sich erstmals systematisch dem Auftrag, die ethischen und rechtlichen Dilemmata der künstlichen Befruchtung zu bewerten und Vorschläge für deren politische Regulierung zu unterbreiten. Dabei ging es insbesondere um die moralische Kernfrage, ob und unter welchen Umständen die Forschung an menschlichen Embryonen zulässig sein kann.

Als Resultat intensiver Diskussionen erkannte die Kommission in ihrem Abschlussbericht zwar an, dass dem menschlichen Embryo in moralischer Hinsicht in den ersten Tagen nach der Befruchtung ein besonderer (»special«) moralischer Status zukommt, und forderte daher gesetzliche Kontrollen für die Forschung an Embryonen. Damit war aber kein generelles Forschungsverbot ausgesprochen. Denn nach dem »britischen Modell« ist der frühe menschliche Embryo bis zum 14. Tag nach der Befruchtung zwar artspezifisches menschliches Leben (»human life«), dem mit Respekt begegnet werden muss (Speziesargument). Vor dem Einnisten in die Gebärmutter aber handelt es sich noch nicht um ein individuelles menschliches Wesen (»human being«). Solange der Embryo noch keine Individualität und damit Identität besitzt, lässt sich sein Lebensrecht gegen andere hochrangige Ziele abwägen (Identitätsargument).

Der Bericht der Warnock-Kommission hatte großen Einfluss auf die Bioethik-Debatte. Die beiden ethischen Hauptargumente prägen die Diskussion bis heute. Zum einen, so die Warnock-Kommission, sei das menschliche Leben in seiner Identität vor dem 14. Tag noch nicht determiniert. Embryonale Zellen sind bis zu diesem Zeitpunkt noch undifferenziert, bilden zum Teil außerembryonale Gewebe und damit eben keinen Embryo. Auch besteht bis kurz nach der Einnistung die Möglichkeit einer Mehrlingsbildung aus einem Embryo. Mit einer Tötung werde in diesem Stadium daher nicht einem bestimmten Menschen, sondern nur menschlichem Leben eine Lebenschance abgeschnitten. Das zweite Argument geht davon aus, dass vor der Einnistung in die Gebärmutter das Potenzial des Embryos, sich zu einem Menschen zu entwickeln, nur schwach ausgeprägt ist (Potenzialitätsargument). Tatsächlich besitzt nicht jede befruchtete Eizelle das Potenzial, ein Mensch zu werden. Einer großen Zahl von Embryonen gelingt es nicht, sich in die Gebärmutter einzunisten, sie gehen natürlicherweise zu Grunde und niemand versucht, ihr Leben zu schützen.

Embryonenschutz als Ethik-Zwitter

Die britische Position zum moralischen Status früher Embryonen ist gewissermaßen ein ethischer Zwitter. Zwar kommt dem werdenden Menschen der volle Schutz der Menschenwürde zu, aber eben erst ab einem bestimmten Stadium seiner Entwicklung. Die Warnock-Kommission hatte den Zeitpunkt der Individuation und der Entstehung eines humanen Potenzials auf den Beginn der Organogenese gelegt, wenn keine Zwillingsbildung mehr möglich ist. Um den 14. Tag herum entsteht im Embryo ein so genannter Primitivstreifen, Vorbote einer ersten Differenzierung des Embryos hin zu einem primitiven Nervensystem. Forschung an Embryonen, die älter sind als 14 Tage, ist deswegen verboten.

Obwohl die von Warnock vorgeschlagene Altersgrenze für den absoluten Schutz ethisch eher willkürlich erscheint, hat sich der Zeitpunkt von 14 Tagen in der internationalen Diskussion als kleinster gemeinsamer Nenner für alle jene ethischen Positionen durchgesetzt, die dem werdenden Leben zwar grundsätzlich Menschenwürde zuerkennen wollen, diesen Lebensschutz aber in seinen ersten zwei Wochen gegen andere hochrangige ethische Zwecke abzuwägen bereit sind, weil es sich in diesem Stadium um menschliches Leben, aber nicht um individuelle Menschen handelt. Auf der Basis dieser Überlegungen empfahl die Warnock-Kommission der Politik, eine Genehmigungspflicht für jede Art von Embryonenforschung einzuführen und eine Behörde einzurichten, die dies kontrolliert. Der Zweck dieser 1990 in Großbritannien per Gesetz einberufenen »Human Fertilization and Embryology Authority« ist es seither, werdendes Leben »respektvoll« zu schützen, »leichtfertige und unnötige« Vernutzung menschlicher Embryonen durch Dritte zu verhindern und damit zugleich die weitgehenden Ängste vor einem Missbrauch menschlichen Lebens zu entkräften.

Lebensschutz beginnt mit der Empfindungsfähigkeit

Utilitaristisch orientierte Interessenethiker versuchen die Frage nach dem moralischen Status von Embryonen völlig anders zu beantworten. Für sie geht es darum, zu klären, inwieweit menschliche Embryonen überhaupt schon Interessen haben können. Dazu reicht weder die Zugehörigkeit zur Spezies Mensch, allein schon, weil auch Eizellen und Spermien und die zu Tausenden in Fortpflanzungskliniken auf Eis liegenden Vorkerne menschliche Zellen sind und dennoch keinem besonderen Schutz unterstehen. Auch das Potenzial, von der Befruchtung der Eizelle kontinuierlich zum Menschen heranzureifen, greift zu kurz, weil es sich nur auf Wahrscheinlichkeiten bezieht, die moralisch keinen entscheidenden Unterschied ausmachen. Der Interessenethiker betrachtet den frühen Embryo nicht als eine Person mit dem Recht auf Lebensschutz, weil er in ihm aktuell noch kein Wesen mit menschlichen Eigenschaften sieht.

Das entscheidende Kriterium ist dabei das Vorhandensein von Interessen. Um überhaupt Interessen haben zu können, muss ein menschliches Lebewesen zu bestimmten Empfindungen nicht nur potenziell, sondern real fähig sein – etwa zu leiden oder Lust zu empfinden. Nur wenn Lebensinteressen verletzt werden können, ist es sinnvoll, von einem echten, subjektiven Lebensrecht des Embryos zu sprechen. Prägnant gesagt: Einem Embryo im frühen Stadium seiner Entwicklung kann selbst bei Tötung nichts angetan werden, was ihm selber, sein eigenes Wohl und Wehe betreffend, etwas ausmachen würde, weil er schlicht keine biologischen Eigenschaften besitzt, die subjektives Erleben ermöglichen. Der aktuelle Status quo des Embryos kann von daher nicht Gegenstand moralischer Rücksichtnahme sein.

Embryonen kommt allenfalls der Status eines Anwärters auf Lebensinteressen zu, die ihm dann allerdings von Dritten zugeschrieben werden müssen. Bei der Frage nach dem Lebensschutz früher Embryonen geht es dann allein um den Schutz eines bestimmten Potenzials, Mensch zu werden. Wie weit der Schutz im Einzelfall reicht, darüber gehen die Meinungen der Interessenethiker weit auseinander. Das liegt auch an der Frage, ab wann dem werdenden Leben sinnvollerweise Interessen zugeschrieben werden können. Auch bei dieser Frage herrscht bisher kein Konsens. Als frühestmögliches Kriterium wird der Beginn der Empfindungsfähigkeit des Ungeborenen vorgeschlagen. Spätestens ab etwa der 20. Schwangerschaftswoche hat der Fötus ein integriertes funktionsfähiges Nervensystem ausgebildet, das subjektive Wahrnehmungen und damit Leidensfähigkeit zumindest prinzipiell erlaubt. Ab diesem Zeitpunkt macht somit zumindest eine schwache Interessenzuschreibung und damit ein Lebensrecht Sinn. Diese Position stützt sich dann vor allem auf eine bestimmte und moralisch relevante Identität des werdenden Menschen mit derjenigen Person, die er später einmal sein könnte.

Interessenethiker verbinden mit der Tötung früher Embryonen zumeist keine schwerwiegenden moralischen Skrupel. Die Rechte eines Wesens ohne Interessen können für sie nicht verletzt werden. Wenn die Gesellschaft dennoch werdendes Leben schützt, dann nicht um der Embryonen, sondern um ihrer Mitglieder willen.

Die Geburt des Kindes

Wird der Mensch erst Mensch, wenn er das Licht der Welt erblickt? Eine dritte Gruppe von Ethikern hält die Geburt des Menschen für die entscheidende Zäsur, die das werdende menschliche Leben zu einer Person macht, der Menschenwürde und Lebensschutz zukommen.

Der Begriff der Menschenwürde wird im Kontext der neueren Bioethik zunehmend auf Phasen und Formen des Menschseins angewandt, in denen von Autonomie und Selbstbestimmung keine Rede sein kann. Um Verwirrung zu vermeiden, gilt es daher zu unterscheiden zwischen einem starken Begriff der Menschenwürde, der unabwägbare Rechte impliziert, und einem schwächeren, der nur eine Form der Achtung begründet. Diese Differenzierung vertritt ein kleiner Kreis von Philosophen, die darauf hinweisen, dass Kant mit dem Begriff »Mensch« jedes zur Vernunft fähige Wesen meinte. Nicht die Zugehörigkeit zur biologischen Gattung Mensch begründet danach in einem normativ starken Sinn den Anspruch auf Menschenwürde. Zum moralischen Subjekt mit Rechten und Pflichten wird der Mensch frühestens mit der Geburt.

»Der Akt der Menschwerdung ist die Geburt«, behauptet der Philosoph Volker Gerhardt, Mitglied im nationalen Ethikrat. Denn erst hier löst er sich aus seiner körperlichen Abhängigkeit und entwickelt sich in Auseinandersetzung mit anderen Menschen zu einem eigenständigen Wesen. Durch die Geburt gelangt der Mensch ins Dasein, das er als sein eigenes anzunehmen hat. Der Fötus besitzt zwar Empfindungen, aber kein Selbstbewusstsein. Dies ist aber das entscheidende Merkmal, das den Menschen von anderen Lebewesen unterscheidet und ihm Würde und Freiheit verleiht. Erst wenn er der Selbstachtung fähig ist, kann er beanspruchen, von anderen als moralisches Wesen geachtet und geschützt zu werden.

Folgerichtig wird in allen entwickelten Rechtssystemen die Tötung eines geborenen Menschen stärker bestraft als die eines Ungeborenen. Eine befruchtete Eizelle, aber auch ein Leichnam lassen sich eben kaum als Subjekt im Vollbesitz moralischer Rechte denken. Wäre dem so, müsste die verbrauchende Forschung an Embryonen ebenso streng bestraft werden wie tödliche Versuche an kleinen Kindern. Auch wäre es undenkbar, menschliche Leichen für Versuche zur Erhöhung der Sicherheit von Autofahrern zu verwenden. Derartige Überlegungen sollen zeigen, dass sich für Embryonen, ähnlich wie bei Leichen, Pflichten allein mit einem schwachen Begriff von Menschenwürde begründen lassen, der abwägbar ist gegenüber hochrangigen Rechten und Pflichten anderer.

Mit solchen Annahmen wird vorgeburtliches Leben keinesfalls schutzlos, da die Selbstachtung des geborenen Menschen sich im Respekt vor seiner biologischen Herkunft äußert. Das heißt: Der Mensch kann sich selbst nicht achten, wenn er mit menschlichem Leben gleichgültig oder verächtlich umgeht. Um Embryonen zu schützen, muss daher nicht unbedingt mit Menschenrechten argumentiert werden. Der Gesellschaft gelingt es, den Willen von Verstorbenen testamentarisch zu garantieren und Tiere vor einem willkürlichen Zugriff des Menschen abzuschirmen. Warum sollte es da nicht möglich sein, fragt Volker Gerhardt, auch das werdende menschliche Leben vor »Willkür, Zudringlichkeit, fragwürdigen Experimenten und geschäftlichen Interessen zu schützen«? Wer das für unmöglich halte, der erwarte von den Menschenrechten zu viel und vom Strafrecht zu wenig. So sind besonders krasse Formen von Instrumentalisierung nicht zu rechtfertigen, etwa der Verbrauch menschlicher Embryonen, um Schönheitscremes herzustellen. Auch sollten Verletzungen des Embryonenschutzes auf ein Minimum beschränkt und nur durch hochrangige Ziele legitimiert werden können. Dennoch: Menschenwürde in einem normativ strengen Sinn kommt dem menschlichen Leben erst mit der Geburt zu.

Das Lebensrecht – eine Ethik der Embryonenfreigabe?

Warum soll menschliches Leben überhaupt geschützt werden? Für Ethiker aus dem Umkreis des Utilitarismus ist der Schutz des Lebensrechts jedes Menschen das wichtigste Gut, das eine Gesellschaft ihren Mitgliedern im Interesse aller geben kann. Rechtliche Regelungen wie das Menschenrecht auf Leben sind für sie praktischen Bedürfnissen und Interessen dienende Erfindungen des Menschen. Während Utilitaristen wie der Philosoph Peter Singer bei der Beurteilung von Lebensrechten stets die Maximierung des gesamtgesellschaftlichen Glücks im Blick haben, halten andere die Institutionalisierung individueller Menschenrechte für intersubjektiv begründbar, sofern sie elementaren Interessen aller Individuen dienen. Wer ein Interesse am eigenen Überleben hat, so der Kern dieser Argumentation, tut gut daran, das Überleben anderer mit gleichen Lebensinteressen zu schützen.

Die entscheidende Frage für diese beiden Richtungen des Utilitarismus ist daher nicht, wann das Leben beginnt, sondern ab wann beim werdenden menschlichen Leben ein Lebensrecht zu begründen ist. Jedem Menschen sei intuitiv klar, dass der moralische Status eines Zellhaufens nicht dem von Kindern oder Erwachsenen entspricht. Bloßes Existieren hat der Mensch mit Pflanzen, Empfindungen mit Tieren gemein. Allein die Fähigkeit zur freien, vernunftgeleiteten Selbstbestimmung, das Vorhandensein von Ich-Bewusstsein und ein unbedingter, in die Zukunft gerichteter Überlebenswille sind überzeugende Kriterien für das Menschsein. Diese Eigenschaften kommen nach der Überzeugung dieser Ethiker erst dem Geborenen zu. Ein absolutes Tötungsverbot für Ungeborene lasse sich ethisch daher nicht begründen.

Darf man selbst Neugeborene töten?

Der Rechtsphilosoph Norbert Hoerster geht davon aus, dass es bei der Suche nach einem Kriterium für das Überlebensinteresse einzig darauf ankomme, ob ein Individuum die aktuelle Fähigkeit besitze, zukunftsbezogene Wünsche zu haben, deren Realisierung sein Überleben voraussetzt bzw. durch seine Tötung verhindert würde. Da ein früher menschlicher Embryo noch keinerlei bewusstes Streben hat, kann eine Tötung sein Überlebensinteresse nicht verletzen. Bemerkenswert ist, dass für Hoerster dieselbe Logik sogar noch für Neugeborene gilt. Da Kleinkinder entwicklungspsychologisch angeblich erst im Verlauf von einigen Monaten echte Überlebensinteressen entwickeln, sei erst ab diesem Zeitpunkt ein zwingendes Tötungsverbot zu rechtfertigen. Wenn eine Gesellschaft dennoch das Töten Neugeborener unter Strafe stellt, dann allein deshalb, weil eine Freigabe der Kindstötung unweigerlich auch solche Kinder gefährde, die mit Sicherheit oder doch mit einer gewissen Wahrscheinlichkeit bereits ein Überlebensinteresse haben.

Wenn nun aber schon gesunde Neugeborene nur aus Gründen der Vorsicht einem Tötungsverbot unterliegen, kann ein Recht auf Leben erst recht nicht für Embryonen begründet werden. Am frühen Embryo darf daher zum Nutzen der medizinischen Wissenschaft, der Gesellschaft und künftiger Generationen experimentiert werden – vorausgesetzt, sein rechtzeitiger Tod vor dem Entstehen eines Überlebensinteresses ist sichergestellt und das Einverständnis seiner Erzeuger, der Eltern, ist eingeholt. Verbotswürdig wären nach dieser Auffassung dagegen Manipulationen an einem Embryo, die das Interesse des sich später daraus entwickelnden Menschen, etwa durch eine Schädigung seiner Gesundheit, verletzen könnten. Wer also einen Embryo therapiert und diesem dabei schwere Missbildungen zufügt, handelt gegen die künftigen Interessen desselben, nicht aber, wer ihn tötet. Denn in diesem Fall gibt es keine Person und wird es auch keine geben, deren Überlebensinteresse verletzt werden könnte.

Die Kriterien, wann ein Mensch beginnt, Person und damit moralisches Subjekt zu sein, sind unter Interessenethikern heftig umstritten. Kritiker werfen derartigen Positionen vor, im Diskurs aufzulösen, wer letztlich Subjekt von Menschenrechten sein soll. Der Sinn von Menschenrechten liege aber gerade darin, die Rechte jener zu schützen, die noch nicht oder nicht mehr eigene Interessen vertreten können.

Konfliktfälle – Bioethik im Härtetest

Die Bioethik versteht sich als angewandte Ethik, die sich an der Lösung konkreter Probleme bewährt. Dabei steht sie vor großen Herausforderungen, denn es gibt wohl keinen Bereich der jüngeren Moraldiskussion, wo derartig extreme Konfliktfälle auftreten, wie im Bereich der Lebenswissenschaften und der Biomedizin. Im Zentrum der zum Teil heftigen Kontroversen steht zurzeit vor allem der Umgang mit dem ungeborenen menschlichen Leben.

Die anwendungsorientierte Bioethik operiert zumeist mit einer Reihe von Prinzipien mittlerer Reichweite. Diese haben gegenüber abstrakten Grundsätzen den Vorteil, realitätsnah zu sein, ohne ihren Einsatzbereich allzu sehr auf einzelne Problemfelder einzuschränken. Sie beanspruchen im Unterschied zu kategorischen Imperativen oder obersten Axiomen keine absolute Geltung, sondern dienen als Orientierungshilfen in komplexen moralischen Problemlagen. In den bioethischen Debatten tauchen vier solcher Prinzipien immer wieder auf: die Grundsätze der Autonomie, der Schadensvermeidung, der Fürsorge und der Gerechtigkeit.

So gilt gemäß dem Prinzip der Autonomie für Medizin und Wissenschaft, dass der behandelte und erforschte Mensch aus freien Stücken an den notwendigen Prozeduren teilnimmt. Zudem darf seine Würde als selbstbestimmtes Subjekt auch in solchen Situationen, wo er notgedrungen Objekt der Medizin oder Forschung ist, nicht missachtet werden. Zugleich gilt aber auch, dass die Freiheit des einen die der anderen nicht einschränken darf, so dass in Konfliktfällen ein Ausgleich oder eine verbindliche Regelung getroffen werden muss. Das Prinzip der Schadensvermeidung, das »nil nocere«, kannte schon Hippokrates. Es besagt, dass Ärzte und Wissenschaftler verpflichtet sind, ihre Patienten bzw. Probanden nicht durch ihre Handlungen zu schädigen, sie vor Schaden zu schützen und ihnen wenn möglich zu helfen. Die Fürsorgepflicht ist mit der des Schutzes aufs Engste verbunden. Der Kranke ist dem Mediziner und die Versuchsperson dem Forscher ausgeliefert und insofern anvertraut, d. h., sie haben dafür Sorge zu tragen, dass alles für das Wohlergehen ihrer Schützlinge getan wird. Die Forderung nach Gerechtigkeit bezieht sich auf die gerechte, d. h. den Bedürfnissen der Betroffenen gemäße Verteilung der begrenzten Ressourcen der medizinischen Versorgung, aber auch auf den den Interessen aller angemessenen Einsatz der vorhandenen Forschungsmittel.

Die Prinzipien können unterschiedlich gewichtet und angewandt werden und treten auch schon einmal in Gegensatz zueinander. Das hängt sowohl vom konkreten Fall als auch vom Ethikmodell ab, in dessen Rahmen sie eingesetzt werden. Alle vier spielen im Utilitarismus und in der Pflichtethik eine Rolle. So ist etwa die Autonomie des moralischen Subjekts für beide grundlegend, ebenso wie die Forderung nach einer »sozialverträglichen« Form der individuellen Freiheit. Doch während die deontologische Ethik kantischer Prägung daraus einen kategorischen Imperativ ableitet, den sie als Bedingung der Möglichkeit moralischen Handelns ansieht, begründet der Utilitarismus damit die Verantwortlichkeit des Einzelnen für die Folgen seines Tuns.

Die unterschiedlichen Gebrauchsweisen verschiedener moralischer Prinzipien durch den Utilitarismus und die Pflichtethik führen zu oftmals konträren Lösungsvorschlägen bei bioethischen Konfliktfällen, aber auch zu gleichen Ergebnissen bei grundsätzlich verschiedenen Begründungen. Im Folgenden soll entlang der drei Positionen zum Beginn des schutzwürdigen menschlichen Lebens die Leistungsfähigkeit der beiden Ethikmodelle anhand konkreter Problemfälle analysiert werden.

Schutz von Anfang an – eine konsequente, aber fragile Position

Wer das menschliche Leben von Anfang an schützen will, bezieht eine konsequente und vermeintlich einfache Position. Doch ein Blick auf die komplizierten Problemfälle zeigt schnell die Fragilität dieser Haltung auf: Sie ist entweder zu grundsätzlich, um lebensnahe Lösungen für unvermeidliche Konflikte zu finden, oder zu schwach, um einen wirksamen Schutz zu bieten.

Wer für den Embryo im Reagenzglas den gleichen Lebens- und Würdeschutz wie für geborene Menschen postuliert, kann keine lebensnahen Antworten auf praktische Probleme geben. Das zeigt das Beispiel Abtreibung: Gilt das Lebensrecht absolut, dann kann eine Abtreibung nur bei Lebensgefahr für die Mutter legitim sein. Eine solche restriktive Regelung hätte unabsehbare Folgen für die Gesellschaft. Nicht nur das Selbstbestimmungsrecht der Frau würde beschränkt, sondern eine Praxis kriminalisiert, die nach aller menschlichen Erfahrung nie verschwinden wird. Angesichts dieser Situation hat das Bundesverfassungsgericht eine pragmatische Lösung gefunden: Danach ist die Abtreibung »rechtswidrig, aber straffrei«, weil aufgrund der »singulären Besonderheit der Konfliktlage« einer Schwangerschaft ein Schutz des ungeborenen Lebens nur mit und nicht gegen die Mutter möglich sei.

Im Kontext einer deontologischen Ethik ist diese Lösung allerdings widersprüchlich. Denn die Werte, die für eine Embryonenforschung ins Feld geführt werden, sind keinesfalls geringer als jene, die eine Abtreibung nach Fristenlösung mit Beratungspflicht rechtfertigen oder erlauben, dass Paare die Spirale oder die »Pille danach« einsetzen und dabei Embryonen an der Einnistung hindern und damit opfern. Das Verbot der Embryonenforschung führt daher zu einem deutlich stärkeren Rechtsschutz der Embryonen im Reagenzglas als derjenigen im Mutterleib.

Der Rechtsphilosoph Reinhard Merkel hat aus der widersprüchlichen Argumentation des Bundesverfassungsgerichts die Schlussfolgerung gezogen, dass das Grundgesetz de facto kein »Lebens- und Würderecht des Embryos« kenne. Damit aber wäre die deontologisch begründete Position eines absoluten Schutzes des menschlichen Lebens ad absurdum geführt.

Ein weiteres Problemfeld ergibt sich für die Pflichtethik angesichts der so genannten überzähligen oder verwaisten Embryonen, die ursprünglich zu dem Zweck erzeugt wurden, bei einer künstlichen Befruchtung eine Schwangerschaft herbeizuführen. Werden sie aber dafür nicht mehr benötigt, muss man sie einfrieren oder absterben lassen. Angesichts ihrer ausweglosen Lage gibt es für die meisten dieser Embryonen keine reale Schutzmöglichkeit mehr. Über die Art und Weise ihres Todes wird damit unweigerlich von den Menschen entschieden, in deren Händen sich die Embryonen befinden. Während in der Regel niemand über ein anderes Menschenleben verfügen darf, lässt sich dieser Bruch des Autonomieprinzips bei endgültig verwaisten Embryonen nicht mehr vermeiden. Bei der Alternative absterben lassen oder für Forschungszwecke nutzen gibt die deontologische Ethik zudem keine Entscheidungshilfe. Denn sie muss aus prinzipiellen Erwägungen beide Optionen verwerfen, da in beiden Fällen eine Verletzung der Menschenwürde und des Rechts auf Leben eintritt. Selbst der sinnvolle Einsatz für hochrangige Forschungsziele, wie der Suche nach einer Therapie gegen unheilbare Krankheiten wie Parkinson, müssen im Rahmen einer konsequenten deontologischen Position als Instrumentalisierung des Embryos zu für ihn fremden Zwecken abgelehnt werden.

Gattungssolidarität aus pragmatischen Erwägungen – ein Trojanisches Pferd

Eine Gruppe von Ethikern mag sich beim frühestmöglichen Schutz des menschlichen Lebens nicht explizit auf die Menschenwürde berufen, will die Embryonen aber dennoch von Beginn an unter den Schutz einer »Gattungssolidarität« stellen. Statt das menschliche Leben von Anfang an durch ein dauerhaftes Verbot wirksam zu schützen, wird dabei aber aus Moral ein Moratorium.

Für Vertreter dieser Position ist nicht die Tötung eines Embryos das ethische Problem, sondern allein deren unabsehbare Folgen für die Gesellschaft. Zwar weisen frühe Embryonen noch nicht alle Eigenschaften auf, um derentwillen wir Menschen uns generell für schutzwürdiger halten als Tiere. Trotzdem aber, so das Argument, handele es sich bei Embryonen um künftige Menschen, also um ein Entwicklungsstadium, das wir alle durchlaufen haben. Dies begründe zumindest eine grundsätzliche Verpflichtung, allen Embryonen aus Solidarität die gleiche Chance zu geben.

So einleuchtend dieser Gedanke auf den ersten Blick erscheint: Das Prinzip der Gattungssolidarität garantiert nur scheinbar einen hohen Schutz für frühe Embryonen, faktisch bleibt dieser äußerst schwach und abwägbar in jedem Einzelfall. Dazu ein Beispiel: Angesichts des Interesses schwer kranker Menschen an Heilung und des Verbots der Embryonenforschung in Deutschland könnte es sinnvoll sein, eine begrenzte Anzahl von Embryonen in Deutschland zu Forschungszwecken zu vernichten. Ein einmaliges »Embryonenopfer« wäre trotz streng genommener Gattungssolidarität zu rechtfertigen, wenn damit anderen geholfen und weiter gehender Embryonenverbrauch verhindert wird.

Diese Abwägung könnte angesichts des Fortschritts der Wissenschaften zukünftig erweitert werden. Denkbar ist etwa der Fall, dass ein Patient nur überleben kann, wenn ein aus seinen Körperzellen geklonter Embryo hergestellt und dann getötet wird, um einen genetisch passenden Gewebeersatz für den Kranken zu züchten. Dann stünde das Lebensrecht des Patienten gegen das seines eigenen Klons. Angesichts des Zieles einer Heilung könnte es also tatsächlich geboten sein, frühes menschliches Leben solidarisch zu opfern, da diesem ja nicht per se Menschenwürde, sondern nur eine Gattungssolidarität zuerkannt wird, die in diesem Fall in Konflikt mit dem Überlebensinteresse eines schon geborenen Menschen tritt. Folgerichtig würde ein mit der Gattungssolidarität argumentierender Ethiker in diesem Fall einer Vernichtung des Embryos zustimmen müssen.

Der Philosoph Robert Spaemann hat in der Debatte um den Embryo als Ersatzteillager für medizinische Zwecke davor gewarnt, Embryonen den Personenstatus und damit den Selbstzweckcharakter abzuerkennen. Suggestivargumenten wie der »gewaltigen Fortschritts- und Mitleidsrhetorik« gegenüber sollte die Gesellschaft mit Blick auf Erfahrungen im Nationalsozialismus äußerst misstrauisch sein. Fragen der Gerechtigkeit könnten nur im Schweigen der Leidenschaften entschieden werden. Wenn Embryonen kein Lebensrecht haben, können sie selbstverständlich für therapeutische Forschung benutzt werden. Ob sie aber ein Lebensrecht haben, darüber dürfe, so Spaemann, nur geurteilt werden unter gänzlichem Ausschluss des Gedankens an jene, »die als Wissenschaftler, Mediziner oder Patienten von der Tötung irgendeinen Vorteil haben würden«.

Die Berufung auf die Gattungssolidarität gegenüber Embryonen ist am Ende nur eine Scheinmoral. Am Fall der Embryonen, die sterben dürfen, damit geborene Menschen geheilt werden, gerät die Berufung auf die Gattungssolidarität in einen Selbstwiderspruch. Aus einem scheinbar konsequenten Embryonenschutz wird eine Lizenz zur Embryonenfreigabe.

Das abgestufte Lebensrecht – mehr Fragen als Antworten

Für Vertreter der Position, dass Embryonen nicht gleich von Beginn an Menschenwürde zukommt, besteht moralisch gesehen ein Abgrenzungsproblem: Führt nicht ein abgestufter Embryonenschutz, so gut gemeint er auch sein mag, zu einem ethischen Dammbruch?

Einige Länder versuchen, Embryonen bis zum 14. Tag zwar mit Respekt zu begegnen, wollen ihnen aber bis zu diesem Zeitpunkt keinen absoluten Lebensschutz zugestehen. Das Paradebeispiel dafür ist Großbritannien: Anfangs hieß es dort, nur einige ohnehin dem Tod geweihte Embryonen sollten für Forschungen verwendet werden, um bessere Methoden der künstlichen Befruchtung zu entwickeln. Im nächsten Schritt wurden gemäß dem Stand der Wissenschaft weitere neue Forschungszwecke in den Katalog zugelassener Forschungen aufgenommen. Die Folge ist inzwischen ein massiver Embryonenverbrauch für die Wissenschaft, der Respekt vor dem frühen menschlichen Leben schwindet immer mehr. Allein zwischen 1991 und 1998 durften in Großbritannien fast 50 000 menschliche Embryonen für Forschungszwecke verbraucht, d. h. getötet werden. Schon die schiere Zahl suggeriert einen Dammbruch, bedenkt man, dass in Deutschland über die Frage gestritten wird, ob weniger als 50 überzählige Embryonen in den Kühltruhen der Reproduktionsmediziner, bei denen eine Verpflanzung in die Gebärmutter nicht mehr in Betracht kommt und die daher unweigerlich absterben müssen, für hochrangige Forschungsziele verwendet werden sollen. Also etwa, um embryonale Stammzellen zur Erforschung von bisher unheilbaren Krankheiten zu gewinnen, wie es die Deutsche Forschungsgemeinschaft (DFG) in einem Memorandum im Jahr 2001 vorgeschlagen hat.

Das absolute Verbot einer Instrumentalisierung menschlichen Lebens im Blick, versucht die DFG in ihrer Streitschrift, einen moralisch relevanten Unterschied zwischen der Verwendung todgeweihter überzähliger und dem gezielten Herstellen von menschlichen Embryonen zu begründen. Bei letzterem werde der Embryo eigens im Reagenzglas erzeugt, um etwa die angestrebte Entnahme von Stammzellen zu ermöglichen. Der Abgrenzungsversuch aber überzeugt ethisch nicht. Denn gewollt erzeugt werden Embryonen auch bei der künstlichen Befruchtung, ihre Überzähligkeit wird quasi billigend als Nebenwirkung der Unfruchtbarkeitsbehandlung in Kauf genommen, um die Erfolgsrate der Therapie zu steigern. Bei der moralischen Bewertung der beiden Handlungen ist nicht entscheidend, auf welche Weise Embryonen gezeugt wurden, sondern was mit ihnen geschehen darf. Eine Instrumentalisierung der Lebenserzeugung liegt in beiden Fällen vor und damit ein Verstoß gegen die unabwägbare Pflicht, menschliches Leben zu schützen.

Warum nicht Embryonen zeugen für die Forschung?

In Großbritannien wird gemäß dem Prinzip des abgestuften Lebensschutzes ethisch nur ein gradueller Unterschied gemacht zwischen der Verwendung von dem Tod geweihten und der Herstellung von Embryonen. Bisher durften dort 118 Embryonen im Reagenzglas eigens erzeugt werden, um durch deren Züchtung bis zum 14. Tag die Methoden der künstlichen Befruchtung zu optimieren. Seit dem Jahr 2001 ist es sogar gesetzlich erlaubt, Embryonen herzustellen, um die Methode des so genannten therapeutischen Klonens voranzutreiben. Dabei dürfen in Zukunft erstmals Embryonen in Serie erzeugt und vernichtet werden, allein um daraus embryonale Stammzellen zu ernten. Die ehemals enge Verbindung des Embryonenverbrauchs in Zusammenhang mit einer medizinischen Behandlung von Unfruchtbarkeit ist damit inzwischen vollständig aufgelöst. Warum sollten Embryonen in Zukunft nicht als Rohstoff zur Herstellung von Medikamenten eingesetzt werden dürfen? Gerade wer aber den Embryo nicht von

Beginn an unter den Schutz der Menschenwürde stellt, der kann nicht verhindern, dass menschliche Embryonen als Mittel für Zwecke verbraucht werden, die außerhalb ihrer selbst liegen. Ein solcher abgestufter Embryonenschutz tastet damit mittelbar auch die Menschenwürde aller an. Darf frühes menschliches Leben erst einmal »vernutzt« werden, tritt eine Gewöhnung ein, die letztlich auch die bisherige absolute 14-Tages-Grenze anfällig macht für weitere Begehrlichkeiten der Forschung.

Bleibt schutzlos, wer sich nicht schützen kann?

Basiert das abgestufte Lebensrecht für menschliche Embryonen auf interessenethischen Erwägungen, kann dies gravierende Folgen haben für Embryonen späterer Entwicklungsstadien und sogar für schon geborene Menschen. Wer einmal einen graduellen Schutz des werdenden Lebens ohne prinzipielle Grenzziehung postuliert, der gerät auf eine abschüssige Bahn. Alle angeblich moralisch relevanten Zäsuren – sei es der Beginn der Gestaltwerdung durch Ausbildung des Primitivstreifens, der Anfang des Hirnlebens als Voraussetzung für eine bewusste Verarbeitung von Reizen oder die Überlebensfähigkeit außerhalb des Uterus – erfolgen letztlich willkürlich, haben keinen starken normativen Gehalt mehr und sind selbst zwischen den Vertretern der jeweiligen Position höchst umstritten. Das legt den Verdacht nahe, dass die Grenzen bei Bedarf verschiebbar sind.

Nötig ist dagegen die Einsicht in die Prozesshaftigkeit der Entstehung und Entwicklung der befruchteten Eizelle zum Menschen. Beim Embryo handelt es sich um ein Kontinuum organischer Entwicklung, das er unter üblichen Bedingungen von sich aus durchläuft. Wer für das Menschsein sogar weitere Kriterien wie etwa Empfindungsfähigkeit, Ich-Bewusstsein, Vernunft, Selbstbestimmung oder gar Kommunikationsfähigkeit als notwendige Voraussetzung für die Zuerkennung eines absoluten Lebensschutzes erachtet, schließt Menschen, die aufgrund von physischen oder psychischen Schwächen diese geforderten Eigenschaften nicht mehr besitzen, aus dem Kreis derjenigen aus, die ein Recht auf Leben beanspruchen können. Jeder Versuch, ohne Rückgriff auf das Prinzip Menschenwürde ein abgestuftes Lebensrecht zu begründen, birgt daher eine große Gefahr für zentrale Normen der Gesellschaft. Das Postulat der Gattungssolidarität sieht sich ständig individuellen Interessen ausgesetzt und bietet keinen ausreichenden Schutz für die Schwachen. Das Ziel des Lebensschutzes ist es aber gerade, diejenigen zu schützen, die ihre Interessen nicht selbst vertreten können. Wer die Kriterien für die Zuschreibung eines Überlebensinteresses oder des Personenstatus nicht erfüllt, ist nur noch Gegenstand von Rücksicht.

Die Geschichte lehrt, wohin dies führen kann. Im nationalsozialistischen Deutschland galten die Juden als »Untermenschen« und Schwerbehinderte als »lebensunwert«. Sie waren in den Konzentrationslagern und Anstalten begehrte menschliche Versuchskaninchen. Zwar galt auch nach 1933 das vom Reichsgesundheitsministerium 1931 erlassene Gesetz zum Schutz von Patienten vor Experimenten am Menschen, in dem die freiwillige Zustimmung von Versuchspersonen zu einem Menschenversuch erstmals festgeschrieben wurde. Juden und Behinderte fielen aber gemäß dem rassistischen Weltbild der Naziärzte nicht unter den Schutz dieses Gesetzes, weswegen diese ihre brutalen Experimente in den Nürnberger Prozessen nach dem Krieg auch vehement gegen den Vorwurf, sie hätten ein »Verbrechen gegen die Menschlichkeit« begangen, verteidigten. Wer für »Untermenschen« oder »lebensunwertes Leben« den Begriff Embryo einfügt, erkennt, wie gefährlich es ist, Kriterien für das Menschsein der Willkür bestimmter Interessen oder Präferenzen zu unterwerfen.

Die Metapher vom Dammbruch in Bezug auf die Embryonenforschung hat sich im Verlauf der Debatte selbst verwandelt. Für die einen ist der Damm unwiderruflich gebrochen, andere versuchen, den sich nun ergießenden Strom zugelassener Embryonenforschung durch demokratisch legitimierte Entscheidungen zu kanalisieren. Der pragmatische Umgang mit Embryonen entspricht in diesem Bild eher einer Wanderdüne als einem gebrochenen Damm: Der stetige Wertewandel führt zu einer Werteerosion.

Interesse vs. Anerkennung.
Was sind wir uns wert?

Positionen, die den moralischen Status des menschlichen Embryos erst mit der Geburt beginnen lassen, rechtfertigen moralisch fragwürdige Praktiken im Umgang mit Embryonen. Was aber ist die Selbstachtung des Menschen wert ohne die Achtung des vorgeburtlichen menschlichen Lebens?

Wer allein dem selbstbewussten und der Selbstachtung fähigen Menschen Würde zuspricht und dem vorgeburtlichen Leben deshalb nur ein bedingtes Lebensrecht zugesteht, der zerstört das gattungsethische Fundament der deontologischen Moral. Denn nur im Kontext einer Gattungsethik, die alle menschlichen Lebewesen umfasst, ist der moralische Status des Individuums zu sichern. Wer den Lebensschutz nicht deontologisch begründet, kann zum Schutz des frühen menschlichen Lebens nur mit gesellschaftlichen Folgen der Embryonenforschung, des Klonens und anderer biotechnischer Eingriffe argumentieren und gerät so in das Fahrwasser utilitaristischer Erwägungen. Das ist problematisch, weil beim Umgang mit vorgeburtlichem Leben nicht irgendein Gut, sondern das ethische Selbstverständnis des Menschen und damit die Grundlagen der Moral auf dem Spiel stehen. Um sich selbst und seinesgleichen achten zu können, muss sich der Mensch gewiss sein, dass seine biologische Herkunft und die aller anderen nicht manipulierbar ist. Nur dann kann er sich als freies Individuum begreifen, das ein selbstbestimmtes Leben führt und Verantwortung für sein Handeln übernimmt. Wer sich selbst als autonomes Subjekt ansieht, kann nicht das Wesen, aus dem er sich entwickelt hat, als bloßes Objekt behandeln.

»Wenn Menschen auf einem so niedrigen intellektuellen Entwicklungsstand sind, dass sie ihrer selbst nicht bewusst sind, dann sind wir nicht verpflichtet, sie am Leben zu erhalten. Aber ich halte es für durchaus vernünftig, wenn sich eine wohlhabende Gesellschaft dafür entscheidet, sie zu pflegen und damit unseren Respekt für sie auszudrücken.«
Peter Singer

Darf man Neugeborene töten?

Noch dramatischer sind die Auswirkungen von utilitaristischen Positionen, die das Tötungsverbot an subjektive Überlebensinteressen knüpfen. Dieses eng gefasste Kriterium für die Zuweisung eines Lebensrechts kann nicht nur zur Rechtfertigung der Tötung von Embryonen, sondern sogar von Neugeborenen führen, die auch noch kein subjektives Überlebensinteresse besitzen. Derart absurde Konsequenzen einer strikt personenzentrierten utilitaristischen Ethik zeigen, dass sie mit gefährlichen Kriterien für das Menschsein agiert. Neugeborene verdienen von sich aus einen Anspruch auf Achtung, nicht nur aus Mitleid oder im Interesse Erwachsener. Es kann nur ein zulässiges Kriterium für die Zuweisung von Menschenrechten geben: die biologische Zugehörigkeit zur Menschheitsfamilie. Wer die Menschenrechte durch Personenrechte ersetzt und Embryonen, Föten und selbst Neugeborenen und womöglich weiteren Mitgliedern der Menschheitsfamilie das Personsein abspricht, trägt eine große Begründungslast.

Denn diese Ethik widerspricht der Tradition der gesamten jüdisch-christlich geprägten Menschheitsethik. Der Philosoph Peter Singer etwa hat angesichts der deutschen Embryonendebatte erklärt, er betrachte die Pflege dementer alter Menschen als Pietät einer wohlhabenden Gesellschaft, aber nicht als moralisches Gebot. Um derartige Werteerosionen zu verhindern, darf die Schutzwürdigkeit des Menschen nicht an personenspezifische Merkmale gebunden werden, denn diese können je nach gesellschaftlicher Interessenlage und Bedarf verändert werden. Ein Beispiel: Wurde traditionell der Tod eines Menschen, also das Ende seines Menschseins, festgestellt, wenn sein Herz zu schlagen aufgehört hatte, so kam die Neudefinition des Todes als »Hirntod« just zu dem Zeitpunkt auf, als technisch Organverpflanzungen von Mensch zu Mensch möglich wurden und damit ein Interesse bestand, potenzielle Spender für tot zu erklären, bevor ihre Organe unbrauchbar wurden.

Beim Embryonenschutz scheint es sich ähnlich zu verhalten: Die Idee, Embryonen als Rohstoff für therapeutische Zwecke zu nutzen, lässt handfeste Interessen entstehen, menschlichen Embryonen den Personenstatus und damit das Menschsein abzuerkennen. Es widerspricht aber dem Gedanken der Menschenwürde, die dem Menschen eigene Schutzwürdigkeit von einer Zuerkennung durch Dritte oder von bestimmten Eigenschaften abhängig zu machen. Menschenwürde ist Achtung der Menschheit in jedem Menschen. Der afrikanische Ethiker Godfrey Tangwa hat angesichts der moralischen Verwirrung in Bezug auf den moralischen Status von Embryonen einmal an ein altes afrikanisches Sprichwort erinnert, das eine wahre Tautologie enthält: »Ein Mensch ist ein Mensch ist ein Mensch« – eben einfach, weil er Mensch ist. Es sei ein Merkmal westlicher Ethik, so Tangwa, zu glauben, sie funktioniere losgelöst von den Bräuchen ihrer Gesellschaft. Wissenschaft, Technik und Kommerz würden den Westen seit jeher dazu antreiben, moralische Kategorien neu zu überdenken. Heute stelle sich bei den embryonalen Stammzellen die Frage nach ihrer wissenschaftlichen Nutzung, erklärt Tangwa, »also werden die Kategorien neu abgesteckt«.

Werden die allgemeinen Menschenrechte durch spezifische Personenrechte ersetzt und das unbedingte Recht auf Leben an ein genuines Überlebensinteresse gebunden, dann ist der Instrumentalisierung menschlichen Lebens bis hin zur Tötung nicht nur von Embryonen, sondern auch von Neugeborenen, Behinderten oder nicht allein Lebensfähiger zu höheren Zwecken Tür und Tor geöffnet. Die moderne westliche Ethik überschreitet an dieser Stelle die Grenzen ihres bisher gültigen humanistischen Horizontes. Kündigt sich damit eine neue Epoche mit vollkommen anderen moralischen Werten an?

Pia Stadtbäumer »Sabine ohne Linken Fuß, Sabine ohne
Rechten Fuß, Verbunden«

Paradigm lost:
Brauchen wir eine neue Ethik?

**Die Schwierigkeit, mit Hilfe der utilitaristischen oder der deonto-
logischen Ethik stimmige Lösungen für problematische Fälle zu
finden, wirft die Frage auf, ob die traditionellen Moralvorstellungen
angesichts der neuen Möglichkeiten der Biowissenschaften und
-medizin überhaupt noch greifen. Stehen wir am Beginn einer Zeitenwende und brauchen eine andere Ethik, oder reicht es, die alten
Konzepte neu zu justieren?**

Die Ethik der modernen Gesellschaft

Der Soziologe Niklas Luhmann hat den beiden klassischen Ethiken der Moderne, dem Utilitarismus und der Deontologie, vorge-
worfen, den Bezug zur gesellschaftlichen Wirklichkeit verloren zu
haben. Ihr Anspruch, die Gesellschaft über moralische Prinzipien
zusammenzuhalten, sei illusorisch angesichts immer stärker aus-
differenzierter und spezialisierter Funktionssysteme wie Politik,
Recht, Wissenschaft, Wirtschaft, Kunst und Erziehung. Jedes
dieser sozialen Systeme folge einer eigenen Logik, bei der die
moralischen Kriterien von Gut und Böse keine Rolle spielen. So
gehe es der Wissenschaft allein darum, die Wahrheit zu finden
und vom Falschen zu unterscheiden, unabhängig davon, ob ihre
Erkenntnisse moralisch gesehen gute oder schlechte Folgen zei-
tigen. Die klassischen Ethik-Paradigmen mit ihrem universalistischen Anspruch haben in dieser systemtheoretischen Perspektive
ihre Bedeutung verloren. Die Realität hat sie aus dem utopischen
Paradies ihres harmonischen Gesellschaftsideals vertrieben: Paradigm lost.

Die Moral ist bei Luhmann ortlos, eine Form der Kommunika-
tion, die kein eigenes soziales Funktionssystem ausbildet, sondern überall dort eine Rolle spielt, wo es um die wechselseitige
Achtung oder Missachtung von Personen geht, also tendenziell

um Streit. Der Ethik als Reflexionstheorie der Moral weist Luhmann deswegen nur noch die Rolle zu, den universalistischen Anspruch der bisherigen Moral zu beschränken und das moralische Konfliktpotenzial der Gesellschaft zu verringern.

Diese Analyse erweiternd, hat der Bielefelder Soziologe Wolfgang Krohn zu zeigen versucht, dass der moralisch begründete Konflikt grundlegender Bestandteil der Entwicklung moderner Gesellschaft ist. Nach Krohn folgen die einzelnen gesellschaftlichen Funktionssysteme einer eigenen, institutionellen Moral, die immer wieder durch einen ethisch begründeten gesellschaftlichen Protest herausgefordert wird. Auch im Falle der Biowissenschaften orientieren sich die Forscher an ihrem Berufsethos und internen Regeln. Doch ihre immer weiter in die Gesellschaft ausgreifenden Forschungen stoßen in dieser zunehmend auf Skepsis und Widerstand, der sich etwa in Form von Protesten gegen das Klonen von Menschen oder die Tötung von Embryonen zu Forschungszwecken artikuliert. Befürworter und Kritiker der Stammzellenforschung berufen sich auf moralische Ziele ihres Handelns, sei es die Heilung Kranker oder der Schutz des ungeborenen Lebens.

»Wenn nun die Annahme zutrifft, dass die moderne Gesellschaft nicht mehr über Moral integriert sein kann und auch nicht mehr den Menschen über Moral ihre Plätze anweisen kann, dann muss die Ethik in der Lage sein, den Anwendungsbereich der Moral zu limitieren.«
Niklas Luhmann, »Paradigm lost«

Der Konflikt zwischen anwendungsorientierter Institutionenmoral und grundsatzstarker Protestmoral ist im Prinzip unauflösbar und gehört nach Krohn dennoch zu einer modernen Gesellschaft. Denn der ewige Streit treibt die Entwicklung moralischer Standards voran. Damit dies in geregelter Weise geschieht, muss die Gesellschaft einen Ausgleich in Form institutionalisierter Dialoge suchen. Zu diesem Zweck werden Runde Tische, Bürgerkonferenzen, Ethikkommissionen und Nationale Ethikräte eingerichtet. Diese Foren sollen Kompromisslösungen im ansonsten unendlichen Streit der divergierenden gesellschaftlichen Interessen finden und die Protestmoral in Institutionenmoral transformieren und damit funktionalisieren.

Der soziologische Ansatz bietet ein Verfahren zur Lösung moralisch bedingter gesellschaftlicher Konflikte an. Er sagt aber nichts über die Inhalte, die dabei zum Tragen kommen. Das Beispiel der bioethischen Debatten der vergangenen Jahre zeigt jedoch, dass gerade hier der Knackpunkt liegt. Denn die Fortschritte der Biowissenschaften und der Reproduktionsmedizin werfen ja nicht nur Probleme auf, die einen spezifischen Bereich der Gesellschaft betreffen und die dementsprechend durch sozialen Protest eingedämmt oder in Form von Kompromissen gelöst werden könnten. Die Eingriffe in die genetische Konstitution des Menschen betreffen vielmehr die Grundlage des menschlichen Selbstverständnisses und damit auch das Fundament der modernen Gesellschaft. Mit Luhmann gesprochen: Auf welcher Basis sollen sich die Menschen wechselseitig achten, wenn die einen genetisch programmiert sind und die anderen die natürlichen Produkte einer Zufallskombination? An welchem Maß, dem humanen oder dem hominiden, orientiert sich dann der moralische Diskurs? Die soziologische Analyse verweist uns also auf anthropologische Fragen.

Denn der Mensch heißt Mensch ...

So vielgestaltig sich die Geschichte der europäischen Ethik zeigt, eines haben die verschiedenen, über die Jahrhunderte entwickelten Moraltheorien gemeinsam: Sie beruhen auf der Annahme, dass der Mensch nicht der Urheber seines Lebens, wohl aber bis zu einem gewissen Grad der Autor seiner Lebensgeschichte ist und damit verantwortlich für sein Tun und Lassen. Wie weit diese Verantwortung reicht, ist umstritten. Doch beruht sie auf einer Freiheit, die stets an die äußeren Bedingungen oder die transzendenten Bestimmungen der menschlichen Existenz, die Conditio humana, gebunden bleibt. Als körperliches Wesen gehört der Mensch wie die Pflanzen und Tiere der Natur an und ist ihren Gesetzen unterworfen, als geistiges Wesen aber kann er nicht nur sich selbst und die Welt, in die er geworfen wurde, erkennen, sondern auch aus vernünftiger Einsicht und freiem Willen gestalten. Der Mensch ist das Wesen, das sich trotz seiner natürlichen oder göttlichen Herkunft und der Zwänge seiner Existenz oder

der Vorsehung selbst verwirklichen kann. Dadurch unterscheidet er sich von den anderen Lebewesen, und genau das macht seine moralische Größe aus.

Die Fortschritte der Biowissenschaften verändern diese anthropologische Grundlage der europäischen Ethik. Denn diese ist immer schon von dem Vorrang des Geistes ausgegangen und hat die Leiblichkeit des Menschen zumeist als Mittel oder Schranke des Geistes begriffen. Der Einblick in die genetischen und neuronalen Strukturen unseres Verstandes hat der menschlichen Physis eine neue Bedeutung gegeben. Ihre Manipulierbarkeit beschwört nun die Gefahr des Autonomieverlustes herauf und damit das Ende der traditionellen Ethik. Auf diese Möglichkeit hat der Soziologe Wolfgang van den Daele schon Mitte der 1980er Jahre hingewiesen. Der Mensch wandelt sich unter den Händen der Gentechniker von einem Naturwesen zu einem Kunstprodukt. Seine körperliche Natur wird in ihrer Substanz verfügbar und verliert damit ihre Stellung als Fundament und Grenze der geistigen Selbstverwirklichung des Menschen. Der Mensch setzt mit den gentechnisch optimierten Körpern selbst neue Maßstäbe. Jede genetisch bedingte Krankheit oder Behinderung wandelt sich vom Schicksal, an dessen Meisterung der Einzelne moralische Statur gewinnt, zum bloßen Defekt, der bei richtiger medizinischer Behandlung hätte behoben werden können.

Der Philosoph Peter Sloterdijk deutet diese Entwicklung positiv als eine Weiterentwicklung des humanistischen Bildungsgedankens: Der Mensch kann seine »Selbstzüchtung« nun mit aller Konsequenz durchführen. Die neuen Anthropotechniken geben ihm die Mittel in die Hand, sich aus der Zwangsjacke der Natur und von der Demütigung durch den Gedanken der Vorsehung zu befreien. So weit die optimistische Sicht auf die Folgen der gentechnischen Revolution. Pessimisten warnen hingegen vor der Reduktion

»Die moderne Biologie macht Eigenschaften der menschlichen Natur, die bislang Grenzen und Bezugspunkte technischen Handelns waren, nunmehr selbst zu Objektbereichen dieses Handelns. Die menschliche Natur wird unter dem Einfluss von Wissenschaft und Technik kontingent, d.h. sie kann auch anders sein, als sie gegenwärtig ist. Damit wird sie entscheidungsfähig und entscheidungsbedürftig. Selbst der Verzicht auf jeden Eingriff erscheint dann noch als bewusster Akt der Herstellung menschlicher Natur.«

Wolfgang van den Daele

des Menschen auf seine physische Natur und den Triumph der Technik über den Techniker. In diesem Sinne hat der Philosoph Günther Anders schon in den 1950er Jahren von der »Antiquiertheit des Menschen« gesprochen, den angesichts der Perfektion seiner technischen Produkte und der eigenen Unzulänglichkeiten eine »prometheische Scham« befalle. Anders forderte eine neue Moral, die mit der potenzierten Machtfülle, die der Mensch durch seine Erfindungskunst erlangt habe, nicht nur Schritt halten könne, sondern das Machbare auch auf das Wünschenswerte einschränke. Ähnlich argumentiert der Philosoph Hans Jonas, der angesichts der Perspektiven der Biowissenschaften in den 1980er Jahren für das »Prinzip Verantwortung« warb, d. h. für die Forderung, jede Entscheidung von zukünftiger Tragweite mit Blick auf ihre Folgen für die nachkommenden Generationen und nicht unter dem Aspekt für den gegenwärtigen Nutzen moralisch zu bewerten. Beide Philosophen, Anders wie Jonas, sahen die Zukunft des Menschen gefährdet und die Menschheit an einem Wendepunkt ihrer Geschichte.

Und die Moral von der Geschicht'?

Die Warnungen vor einem selbstverschuldeten Ende der Menschheit, sei es durch einen Atomkrieg, die Zerstörung der Natur oder die Schaffung gentechnischer Monster, steht in der Tradition einer kritischen Geschichtsphilosophie, wie sie die Philosophen Max Horkheimer und Theodor W. Adorno in ihrer Schrift »Die Dialektik der Aufklärung« entworfen haben. Die moderne und äußerst effiziente Tötungsmaschinerie von Auschwitz vor Augen, deuten die beiden Häupter der Kritischen Theorie eine Aufklärung, die den Menschen aus seiner gesellschaftlichen und geistigen Unmündigkeit befreien wollte, als Verhängnis, wenn sie einseitig auf die instrumentelle Vernunft setzt und unter Fortschritt nur die technische Innovation versteht. Denn diese Art von Aufklärung degradiert den Menschen zum bloßen Mittel und verhindert seine Selbstentfaltung. Die Kunst wird in dieser Geschichtsphilosophie zum letzten Zufluchtsort der konkreten Utopie eines besseren, im aristotelischen Sinne guten Lebens und damit zum Statthalter des von Ernst Bloch formulierten »Prinzips Hoffnung«.

Die durchaus pessimistische Geschichtssicht der so genannten Frankfurter Schule prägt noch die aktuelle bioethische Debatte in Deutschland. Doch gibt es auch optimistische Gegenentwürfe, die von einer Epochenwende sprechen und dem Beginn eines neuen Zeitalters, das sich vom Humanismus alter Prägung und damit von der Autonomie des Menschen und seiner Würde verabschiede. Im Rahmen der Embryonenschutzdebatte ist der Sloterdijk-Schüler Marc Jongen bisher am weitesten gegangen: Gegen die moralischen »Bedenkenträger« alteuropäischer Prägung feiert er mit der anthropotechnischen Revolution die Ankunft eines neuen »Menschentyps« und eine »schrankenlose technische Machtübernahme des Menschen über sich selbst« als »Aussicht auf das gelobte Land«. Übersieht man den selbstverliebten Ton dieser sendungsbewussten Visionen, die geschmacklose Aufnahme nationalsozialistischer Rhetorik und die krude Mischung nietzscheanischer, kulturkritischer und postmoderner Klischees, so zeigt Jongens Essay doch ein offenkundig wachsendes Bedürfnis an, den gordischen Knoten, den die schier endlosen bioethischen Kontroversen geknüpft haben, mit der Ausrufung einer Zeitenwende zu durchschlagen und sich unbelastet von den Ängsten des 20. Jahrhunderts vor rassistisch motivierter Eugenik, Euthanasie und Genozid den neuen, durch die Lebenswissenschaften geschaffenen technischen Möglichkeiten zuzuwenden und im großen Spiel der Schaffung eines neuen Menschen mitzuspielen.

Mit Hilfe soziologischer, anthropologischer und geschichtsphilosophischer Überlegungen lässt sich zeigen, dass bei der Lösung der Frage, ob verbrauchende Forschung an Embryonen zulässig ist oder nicht, neue Wege gegangen werden müssen. Die letzte Antwort auf ethische Fragen können allerdings nur ethische Theorien geben.

Aktuelle Positionen der Philosophie

Die Debatte um den Schutz von Embryonen und die Zulässigkeit von verbrauchender Forschung an embryonalen Stammzellen hatte in Deutschland ihren vorläufigen Höhepunkt in der Debatte des Bundestages über den Import embryonaler Stammzellen zu Forschungszwecken am 30. Januar 2002. Im Vorfeld haben sich eine Reihe namhafter Philosophen zu Wort gemeldet und sich mit der Frage nach dem moralischen Status des menschlichen Embryos auseinander gesetzt.

Der Mensch wird gottähnlich – Peter Sloterdijk

Mit seiner Rede »Regeln für den Menschenpark«, in der er über die Möglichkeiten und Gefahren von Menschenzucht im Zeitalter der Biotechnik spekuliert, löste der Popstar unter den Philosophen, Peter Sloterdijk, 1999 einen Eklat aus. Der eigensinnige Denker sieht den Menschen auf dem Weg in die Selbstschöpfung und fordert die Gesellschaft dazu auf, sich dieser Herausforderung zu stellen.

In der Bioethikdebatte geht es für den Philosophen Peter Sloterdijk im Kern um eine neue Bestimmung des Menschen angesichts seiner biologischen Offenheit und seiner moralischen Ambivalenz. Begriffe wie Menschenwürde sind für ihn nur noch »metaphysische Sprachspiele, deren Prämissen nicht mehr gelten«. In Wahrheit befinde sich die Menschheit mitten in einem Zeitalter, in dem sich der Mensch mit Hilfe moderner Anthropotechniken zum Schöpfer seiner selbst aufschwingen könne. Sloterdijk spricht von einer »Auswanderung in den Fortschritt« und prognostiziert ein Zeitalter der »Epi-Genesis« als »Nachmittag der Schöpfung«. Dabei betrete der Mensch das Reich des unbedingten Willens zum Können. Nach der Devise »Wissen ist Macht« gehe es um menschliches Kunsthandwerk am Leib, um Schritte hin zur Künstlichkeit des Lebens.

Angst vor dieser gottähnlichen Schöpferrolle, beruhigt Sloterdijk, brauche der Mensch keine zu haben. Denn die Wissenschaft sei letztlich Auflehnung gegen das menschliche Dasein als zweifacher Unterordnung: als Gefangener eines natürlichen Leibes im Bewusstsein seiner Sterblichkeit und als Empfänger göttlicher Gnade, die nur bei Wohlverhalten auf Erden gewährt wird. Dagegen ereigne sich Menschsein der Moderne im offenen Artifizium, wider die Natur und gottlos. Der Dammbruch zur Selbsterschaffung des Menschen wurde nach Sloterdijks Überzeugung schon vollzogen, als im 15. Jahrhundert Anatomen begannen, den Körper nicht mehr als »Tempel des Heiligen Geistes anzusehen, sondern als Maschine, die in Teile zerlegbar ist«. Der Körper ist in dieser Perspektive eine von der Natur gebaute Maschine, Gene eine »Art von Eiweiß-Schreibmaschine«.

»Ich lehne die theologische Verklärung von Erbkrankheiten ab, ich glaube nicht an einen Gott, der Hasenscharten schuf.«

Peter Sloterdijk

Ein Moment der Selbstermächtigung zum Zweck der Selbststeigerung gehört für Sloterdijk zum Risiko des Menschseins. Im Verlauf der Evolutionsgeschichte habe demnach der Mensch seine biologische Geburt, sein tierisches Erbe, in einem Akt des Zur-Welt-Kommens gesprengt. Der Mensch wurde zum »nicht festgestellten Tier«. Die Vorstellung vom Menschen als eines sich selbst verwirklichenden Wesens kann aber nach Sloterdijk allenfalls um den Preis der Unglaubwürdigkeit auf Embryonen im Vierzellstadium angewendet werden. Statt Embryonen Menschenwürde zuzusprechen, will Sloterdijk lieber den Eltern eine Art »Vormundschaft« auferlegen, als »Höchstform der Solidarität«. Gegenüber »Ungeborenen und Niegeborenen« empfiehlt er ein Modell der »biologischen Einwanderung« der je neuen Generationen. Bei dieser inneren Zuwanderung spielten die Mütter traditionell die Rolle von »Einwanderungsoffizieren«, die darüber entscheiden, »wer hereingelassen wird und wer nicht«. Möglich sei, dass es dabei in Zukunft auch zu geplanten Züchtungen oder einer Selektion komme, sofern es dabei nur um eine »medizinische Optimierung der Lebenschancen der einzelnen« gehe. Für Sloterdijk gibt es Grenzsituationen, in denen Eltern als aufgeklärte Vormünder über die Lebenszumutung als solche entscheiden müssen. Menschen sind laut Sloterdijk – wenn auch unbewusst – schon immer »gezüchtet« worden; vor allem durch die »Wirkung von Heiratsregeln, selektiven Erziehungssystemen oder durch Kindersterblichkeit«. Alle bisherigen historischen Züchtungsprodukte seien einer harten Bewährungsprobe ausgesetzt gewesen. Was sich über lange Zeit durchgesetzt habe, konnte als bewährt gelten. »Wir sind die erste oder vielleicht die zweite Generation der Menschheitsgeschichte, die sich die Illusion einer völligen Abwesenheit von Selektion leisten konnte.« Für gefährlich hält Sloterdijk heute, dass für »genetische Innovationen die Bewährungsfrist wegfällt«, der Mensch »drauflosfabrizieren kann«. Der früher über Jahrhunderte gehende »Existenztest« entfalle. Schon deshalb stünden die Züchter im Verdacht, »heute Monsterproduktion zu betreiben«. Dennoch vertraut der Provokateur auf die Zähmung des wissenschaftlichen Fortschritts durch die Gesellschaft: Wirklich große Dummheiten hätten kein langes Leben, »nur seriöse Gentechniker haben ein authentisches Mandat ihrer Kultur«.

Die Würde des Menschen ist unteilbar – Robert Spaemann

In der Diskussion über die Rechte menschlicher Embryonen hat der Philosoph Robert Spaemann am pointiertesten die Position eines radikalen, deontologisch begründeten Lebensschutzes bezogen. Für ihn ist die Würde des Menschen unteilbar. Sie kommt allen menschlichen Lebewesen von Anfang an zu und ist nicht abhängig von bestimmten Eigenschaften. Versuche, die Menschenrechte durch Personenrechte zu ersetzen, lehnt Spaemann ab. Denn Personen sind Menschen, die bestimmte Kriterien, wie Vernunft, Interessen, Selbstbewusstsein und Ähnliches, erfüllen. Durch solche Festlegungen wird aber der Kreis derjenigen eingeschränkt, denen Menschenwürde und damit bestimmte Grundrechte zukommen.

Ein solches Ausschlussverfahren widerspricht nach Spaemann der ethischen Tradition. Danach gehört jedes menschliche Leben zu einer menschlichen Familie und damit zur Menschheitsfamilie. Deswegen ist für Spaemann die biologische Zugehörigkeit zur menschlichen Gattung das einzig zulässige Kriterium für die Zuschreibung von Menschenwürde und Menschenrechten. Alles andere stellt die Grundlage jeder Moral, die menschliche Autonomie, in Frage. Spaemann beruft sich hier auf Kants praktischen Imperativ: Der Mensch darf nicht ausschließlich als Mittel zu Zwecken anderer gebraucht werden. Er ist aufgrund seiner Freiheit immer auch als Selbstzweck anzusehen. »Zu jedem Zeitpunkt ist es geboten, das, was, von Menschen gezeugt, sich autonom auf eine erwachsene Menschengestalt hin entwickelt, als ›jemanden‹ zu betrachten, der nicht als ›etwas‹ ... ausgeschlachtet werden darf.« Genau das aber geschieht nach Spaemanns Überzeugung bei der verbrauchenden Embryonenforschung.

Das ethische Selbstverständnis des Menschen ist in Gefahr – Jürgen Habermas

Die Vernichtung menschlicher Embryonen zu Forschungszwecken erfüllt die meisten Menschen mit Unbehagen. Wie aber lässt sich diese moralische Intuition rational begründen, fragt der bekannteste deutsche Philosoph der Gegenwart, Jürgen Habermas. Der Verweis auf die Menschenwürde reicht dazu in einer Kultur des weltanschaulichen Pluralismus nicht aus. Sie kann allein Personen zugesprochen werden. Eine Güterabwägung im utilitaristischen Sinne ist jedoch auch nicht möglich. Denn das vorgeburtliche Menschenleben ist kein beliebiges Gut. Der Mensch erkennt in ihm vielmehr sich selbst als Gattungswesen. Unabhängig von individuellen Präferenzen wie dem Wunsch nach gesunden Kindern oder dem Interesse an neuen Heilverfahren betrifft der Umgang mit menschlichen Embryonen deswegen immer auch die humane Identität aller Menschen. Die Eingriffe der Biotechnologie drohen diese Identität grundlegend zu verändern. Embryonenforschung sorgt dabei für eine Desensibilisierung unseres Blickes auf die menschliche Natur. Das erklärt unser intuitives Unbehagen.

Die Ethik aber betritt, getrieben vom Fortschritt der Wissenschaften, in dieser Frage Neuland. Jürgen Habermas wählt deswegen den Umweg über eine »konkrete Utopie«: Was wäre, wenn Eltern durch biotechnische Operationen das genetische Programm ihres Kindes nach Wunsch gestalten könnten? Diese »liberale Eugenik« ist keine Sciencefiction mehr, sondern könnte dank der Embryonenforschung schon bald Wirklichkeit werden. Habermas sieht die Gefahr, dass die biotechnologische Gestaltung menschlichen Lebens die für das menschliche Selbstverständnis fundamentale Differenz zwischen dem natürlich Gewachsenen und dem künstlich Gemachten aufhebt. Die genetische Disposition des Menschen ist im Zeitalter der Biotechnik kein Produkt des Zufalls mehr, sondern ein Auftrag, den die Eltern in den Körper ihres Kindes einschreiben können. Für derart projektierte Personen aber besteht die Möglichkeit einer kritischen Revision oder selbstbewussten Aneignung ihres fremden Lebensentwurfs nicht mehr. Der genetisch programmierte Mensch wäre nicht mehr der souveräne Autor seiner Lebensgeschichte. Genau damit aber ist die Grundlage einer jeden Moral, die Freiheit des Handelnden, in Frage gestellt.

Die Folgen sind unabsehbar: »Die eugenische Herausforderung«, resümiert Habermas in seiner Schrift »Die Zukunft der menschlichen Natur«, »drängt uns heute die ethische Grundfrage, wer wir sind und sein möchten, auf einer anderen Ebene, sozusagen in anthropologischer Allgemeinheit, auf. Sie stellt sich nicht mehr nur im Hinblick auf die persönliche Lebensführung eines Individuums oder hinsichtlich der kulturellen Lebensform einer Nation. Angesichts der Möglichkeit eugenischer Selbstmanipulation müssen wir sagen, wie wir uns als Gattungswesen verstehen wollen.« Habermas fordert deswegen dazu auf, die traditionelle Individualethik durch eine »Gattungsethik« zu ergänzen, die danach fragt, wie weit die Menschheit es mit der Selbstinstrumentalisierung und -optimierung treiben darf, wenn wir uns weiterhin als autonome und untereinander gleichberechtigte Wesen verstehen wollen.

Die Vermeidung der Grausamkeit – Richard Rorty

Der amerikanische Philosoph Richard Rorty ist einer der radikalsten antimetaphysischen Denker unserer Zeit. Der Vertreter eines sprachphilosophisch reflektierten Pragmatismus sieht sich selbst als liberalen Ironiker, der hofft, dass »die Demütigung von Menschen durch Menschen vielleicht irgendwann aufhört«. Den Möglichkeiten der Biowissenschaften steht Rorty gelassen gegenüber.

Rorty weigert sich hartnäckig, »für Vernunft, Wahrheit und Gott zu kämpfen«. Als pragmatischer Philosoph erkennt er die Notwendigkeit universaler Kriterien moralisch richtigen Handelns nicht an, wie diese etwa Jürgen Habermas zu begründen versucht. Für Rorty existieren keine von der Kultur und Geschichte unabhängigen Kriterien dafür, ob eine Handlung moralisch richtig ist oder nicht. Laut Rorty ist ein ethisches Problem für die Öffentlichkeit eine praktische Situation, die sie nicht vorausgesehen hat. Es gibt für ihn keine »Algorithmen zur Lösung moralischer Dilemmata«. Die Gentechnik sei ein Beispiel, bei dem die Gesellschaft schlicht noch nicht wissen könne, wie sie sich im Einzelfall entscheiden solle. Lösungen zu finden sei deshalb ein gesellschaftlicher Prozess, nicht etwas, was die Philosophie durch »argumentative Klärung« abschließend leisten könne. Es gehe stattdessen darum, ein neues Vokabular zu entwickeln, Metaphern anzubieten, um die Veränderungen durch die Gentechnik zu erfassen.

> »Die Philosophie sollte den Versuch aufgeben, für beruhigende Gewissheit zu sorgen.«
> Richard Rorty

Weil letztlich die Wahrheit immer subjektiv sei, solle »die Liebe zur Wahrheit als Liebe zum Gespräch verstanden werden«. Der Gesellschaft kommt die Aufgabe zu, sich permanent selbst darüber zu verständigen, nach welchen Werten sie leben will. Die Erfahrung der Zivilisation lehrt laut Rorty, dass sich eine offene Gesellschaft, die den freien Diskurs aller Beteiligten garantiert, allmählich zum Besseren entwickelt und gegen praktisches Leid von Menschen wendet. Vernunft ist für Rorty kein Vermögen des Einzelnen, sondern das »Bevorzugen der Rede statt der Gewaltanwendung«.

Aus solch postmoderner Toleranz resultieren Rortys mitunter

provokante Positionen. So kann er in der Embryonenforschung kein »schweres ethisches Dilemma« erkennen. Eine demokratische Gesellschaft dürfe durchaus definieren, dass »der Embryo für die ersten paar Monate nicht als menschliches Leben gilt«, so Rorty. Danach müsse dann allerdings definitiv »Schluss sein mit der Forschung«. Für den pragmatischen Philosophen Rorty spricht auch wenig dagegen, verantwortungsvolle und demokratisch kontrollierte Wissenschaftler »ein wenig herumspielen zu lassen mit embryonalen Stammzellen«. Selbst beim Klonen eines menschlichen Embryos fühlt Rorty keinerlei »metaphysischen Horror«. Es könne doch sein, dass man phantastische medizinische Ergebnisse erziele, wenn man Gewebe von Embryonen einsetze, um Menschen mit Parkinson oder Alzheimer zu behandeln. Ein striktes Verbot der Forschung wäre daher nicht im Interesse der Gesellschaft. Wer dagegen befürchtet, verrückte Forscher oder Terrorregime könnten neue Erkenntnisse der Wissenschaften bewusst missbrauchen, für den stehe, so Rorty, als einzige Hoffnung die Einrichtung einer Weltregierung bereit. Wer das für eine Utopie hält, den erinnert Rorty daran, dass nach dem Zweiten Weltkrieg die Möglichkeit einer Europäischen Union zunächst auch eher wie Sciencefiction ausgesehen habe.

Der Wert menschlichen Lebens ist verschieden – Peter Singer

Peter Singer ist sicher der umstrittenste lebende Philosoph. Der heute an der Princeton-Universität lehrende Australier hat mit radikalen Ansichten über den Wert menschlichen Lebens weltweit heftige Diskussionen ausgelöst. Der Utilitarist hält es geradezu für eine moralische Pflicht, Embryonen zu töten, um mit ihrer Hilfe neue Therapien für leidende Menschen zu erforschen.

Singer geht davon aus, dass im Zeitalter moderner Medizin täglich zwangsläufig Entscheidungen fallen, welche Art von Leben wir fortsetzen wollen und welche nicht. So würden Abtreibungen legalisiert, der Hirntod als Todeskriterium sei weithin akzeptiert. Ärzte dürften in den Niederlanden das Leben ihrer Patienten mit unbedingtem Sterbewillen beenden. Auch gelte es nicht länger grundsätzlich als falsch, das Leben eines unschuldigen Menschen absichtlich zu beenden – wenn etwa keinerlei Hoffnung mehr bestehe, dass er »jemals das Bewusstsein wiedererlangt«. Erklärbar seien solche Handlungen nur, weil sich dahinter eine Revolution unserer Moralvorstellungen verberge: Die abendländische Ethik und ihr Gebot der »Heiligkeit menschlichen Lebens« sei angesichts dieser Herausforderungen zusammengebrochen, urteilt Peter Singer.

Das erste neue Gebot der Medizinethik lautet nach Singer: »Erkenne, dass der Wert menschlichen Lebens verschieden ist.« Nur wer die Fähigkeit zu angenehmen Erfahrungen und zur Interaktion hat oder bei dem Präferenzen für das Weiterleben vorliegen, kann nach Überzeugung des Australiers eine Person mit Lebensinteressen sein. Als gut gelten ihm diejenigen Handlungen, deren Folgen möglichst vielen Individuen erlauben, ihre Vorlieben (Präferenzen) weiterzuverfolgen. Nur weil das gewährleistet sein muss, ist die Tötung von Personen mit Überlebenswillen unethisch. Da nun menschliche Embryonen keine Personen sind, da sie weder fühlen noch leiden können, besteht für Singer quasi eine moralische Pflicht, mit ihrer Hilfe neue Therapien für leidende Menschen zu erforschen.

Warum regt sich US-Präsident Bush über die Embryonenforschung auf, fragt Singer, wo doch der Klimaschutz die vitalen Interessen von Millionen Menschen viel stärker berühre? Singer begrüßt es ausdrücklich, dass mit der neuen Macht der Gentechnik und Reproduktionsmedizin das Gebot selbst bestimmten Handelns an die Stelle von Naturzwängen tritt. Für ihn kann eine genetische Selektion, ja selbst die genetische Verbesserung des Menschen, ethisch geboten sein, vorausgesetzt, sie dienen gesellschaftlich »guten Zwecken«. In Singers Ethik gibt es dafür ein weiteres Gebot: »Setze nur Kinder in die Welt, die du wirklich willst.« Eine Konsequenz dieser radikalen Sichtweise: Man stelle sich vor, Eltern bekommen ein Kind mit einer nur schwer behandelbaren Bluterkrankheit. Wenn die Eltern nun dieses Kind

»Es ist mittelalterlich zu behaupten, dass menschliches Leben heilig ist, nur weil es menschliches Leben ist.«

Peter Singer

ersetzen könnten durch eines, dem »wahrscheinlich ein besseres Leben« bevorstehe, dann kann es nach der Logik eines Präferenz-utilitaristen wie Singer unter Umständen gerechtfertigt sein, das kranke Kind zu töten – vorausgesetzt, sein Tod hätte keine negativen Auswirkungen auf Dritte.

Gegner von Singers radikalen Ansichten argumentieren, in seiner Ethik degenerierten moralische Entscheidungen zu einer Kosten-Nutzen-Rechnung, zu einer Art moralischer Ökonomie, die keinen Raum mehr lasse für den inneren Wert menschlichen Lebens. Tatsächlich zeitigt Singers Moral mitunter äußerst kontraintuitive Konsequenzen: Im Konfliktfall, wenn ein Vater entweder nur seine eigene Tochter oder zehn Fremde retten kann, handelt er laut Singer moralisch richtig, wenn er die Fremden rettet und die eigene Tochter sterben lässt. Singers Philosophie basiert letztlich auf der Annahme, dass Intuitionen keinen Sinn machen. Besonders deutlich wird das an Singers Reaktion auf die Erkrankung seiner Mutter an Alzheimer, die gemäß seiner Moralvorstellungen keine Person mit einem Lebensrecht mehr darstellte. Warum er dennoch zehntausende Dollar gezahlt habe, um seiner Mutter die bestmögliche Altenpflege in einem privaten Sanatorium zukommen zu lassen, wurde Singer 1999 von der Zeitschrift »New Yorker« gefragt. Seine Antwort: »Das ist vermutlich nicht der beste Nutzen, den man mit dem Geld bewirken könnte, aber immerhin gibt die Pflege meiner Mutter einer Reihe von Menschen sinnvolle Arbeit.« Kälter kann sich eine Ethik für Menschen kaum anfühlen.

Singers umstrittene Ethik ist symptomatisch für einen Wandel in der Wahrnehmung ethischer Probleme. Der Mensch gewinnt durch den technischen Fortschritt immer mehr Macht über die Natur, wird dadurch aber auch selbst immer stärker zum Objekt technischer Operationen. Die Folgen dieser »Verdinglichung« zeigen sich gerade im Bereich der Biomedizin. Die überkommenen ethischen Maßstäbe lassen sich auf die damit verbundenen Herausforderungen nicht ohne weiteres anwenden, und es stellt sich die Frage, ob wir auf dem Weg in eine neue Epoche sind und eine neue Ethik brauchen.

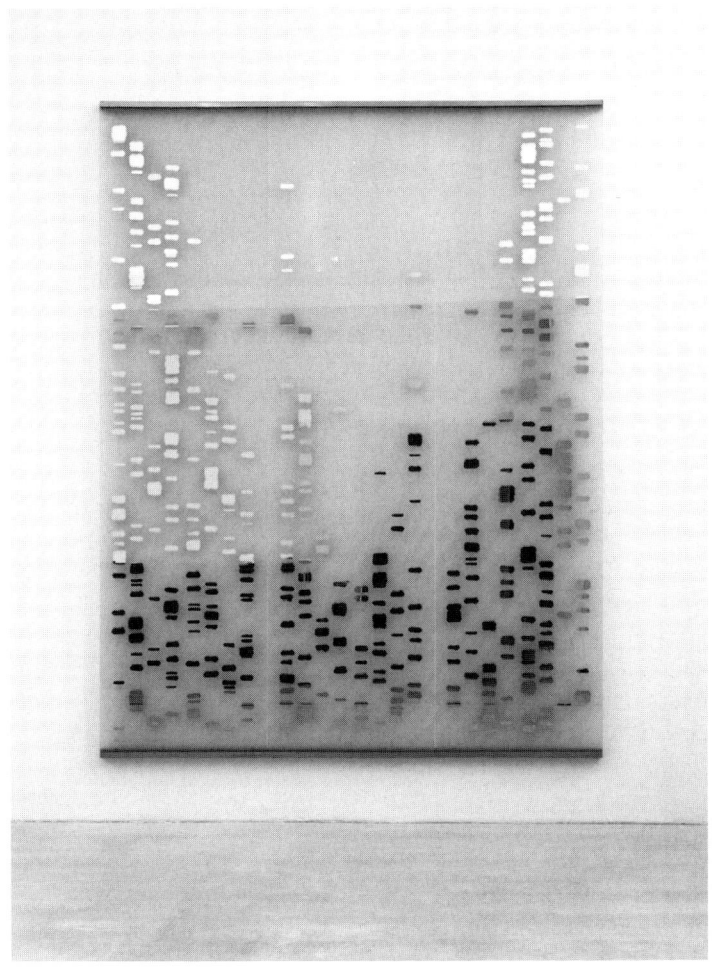

Andreas Horlitz »Autoporträt DNA«

Woran soll der Mensch Maß nehmen? – Bioethik zwischen Fakt und Fiktion

Traditionell betrachtet sich die Bioethik als ethische Reflexionsinstanz einer Medizin, die mit Hilfe der Lebenswissenschaften Menschen bei der Fortpflanzung assistiert, Krankheiten heilt und verhindert. Sofern diese Praktiken an moralische Grenzen stoßen, versucht die Gesellschaft durch Ethik-Kommissionen, durch Gesetze und Konventionen gegenzusteuern. Die Frage ist, ob das realistischerweise dauerhaft gelingen kann. Im letzten Kapitel wird daher ein Blick in das kulturelle Labor gewagt, in dem sich Visionen eines veränderten Menschenbildes abzeichnen.

Anlässlich der in Deutschland in den beiden vergangenen Jahren intensiv geführten Embryonendebatte hat die Bremer Körperhistorikerin Barbara Duden bemerkt, ob es nicht völlig verrückt sei, dass eine ganze Gesellschaft in allen Kneipen über das Schicksal von Embryonen diskutiert, als wenn das Schicksal aller Menschen von ihnen abhinge. Wieso, fragt Duden, werde die Abwehr gegen das »Engineering«, die Optimierung des Menschen, ausgerechnet auf der Ebene eines geforderten absoluten Embryonenschutzes diskutiert? Die These der Körperhistorikerin: Die Sentimentalisierung und Moralisierung der Embryonen gehe damit einher, dass die Sorge, die Sympathie, das Mitgefühl für wirkliche Menschen, wirkliche ethische Probleme da, wo Ethik eigentlich historisch ihren Sinn hat, aus dem Blick geraten.

Der Verlust des Körpers

Der Öffentlichkeit werde vorgegaukelt, dass künftig durch die Lebenswissenschaften alle möglichen Zustände des Leiblichen optimiert und Gebrechen behoben werden können, indem sich der Mensch »entkörpere«. Der Mensch begreife sich heute als naturgesetzliches System, dessen Grammatik über kurz oder lang les- und programmierbar sein wird. In einem Zeitalter regenerativer Medizin, so versprächen deren Visionäre, werden sich Menschen häuten können wie die Hummer, länger lustvoll leben und Krankheiten im Erbgut schon therapieren können, bevor sie ausbrechen. Der Embryo ist das Symbol eines Jungbrunnens, der potenziell alles Werden möglich macht. Am Ende gehe es dabei um den Versuch, so Duden, die Conditio humana – die unerträglich, schmerzhaft und immer tödlich ist – abzuschaffen und an ihrer Stelle ein Wesen herzustellen, das die Kunst des Leidens und des Genießens nicht mehr lernen muss.

In Dudens kritisch-historischer Perspektive ist die Bioethik Ausdruck einer beunruhigenden Neuerung. Das Thema der Techno- und Bioethik löse die »großherzige Gegenseitigkeit ab und überantworte diese dem technischen Fortschritt«. Die Menschen begegneten sich nicht mehr in der gegenseitigen Hilfe aufgrund ethischer Überzeugungen, sondern übertrügen das, was zu tun ist, einer anonymen Technik. Befinden wir uns also mitten in einem Bruch, in dem der ethische Kompass der Menschen, der immer auf Leiblichkeit bezogen war, sich in einem Zeitalter der »Superhumans« neu verortet oder gar verrückt spielt?

Superbiologie contra Gattungsethik

Der Mainstream der Bioethiker hält solche Szenarien für Sciencefiction. Sie sehen ihre Aufgabe darin, die Rolle der Biotechnologie darauf zu beschränken, Menschen bei der Reproduktion zu assistieren, Krankheiten zu heilen und wo möglich zu verhindern. Zwar wird eingeräumt, dass etwa das Prinzip der Autonomie Eltern und Patienten dazu verleiten kann, unvernünftig zu handeln. Auftauchende Konflikte könnten aber in einer modernen Gesellschaft nur im Rahmen ständiger Verhandlung geregelt werden. Die Gesellschaft muss danach bei der Regulierung der Biopolitik auf die Kraft des Rechts und die Wirksamkeit von Institutionen vertrauen. Die Bioethik ist so verstanden der Versuch, in der Gesellschaft Sinnesorgane für unerwartet entstandene ethische Dilemmata zu entwickeln. Die Gefahr einer Genoptimierung oder gar Selbstabschaffung der Menschheit besteht in dieser Sicht nicht wirklich, weil der Mensch diese als Mensch nicht wollen kann. Der Geist des Menschen nach Maß soll in der Flasche medizinischer Indikationen gebannt werden. Zumindest solange der Mensch seine Zukunft auf eigene Absichten gründe, setze er sich in der Erreichung seiner Ziele selbst voraus, wehrt etwa Volker Gerhardt Horrorszenarien von genoptimierten Menschen nach Maß ab. So ungeheuerlich die Herausforderungen durch das Neue auch erscheinen: »Schlimmer als die Vergangenheit kann die Zukunft kaum werden.«

Das ist die optimistische Version einer Ethik, die alles im Griff zu haben glaubt. Es gibt jedoch eine provokantere Lesart. Danach schickt sich der Mensch auf eigenen Wunsch im 21. Jahrhundert an, seine fundamentalen Wertvorstellungen von sich selbst neu zu definieren; nicht nur die äußere Natur, sondern auch seine eigene will er bis zu den Wurzeln verändern, indem er neu »Maß« nimmt. Wir Menschen sind dabei, über eine Zeitenschwelle zu rutschen, in der das Ich eingeladen ist, seinen Körper selbst zu managen, ihn herzustellen und zu verbessern. Der Körper ist dabei nie gut genug, kann immer weiter optimiert werden. Hier liegt der eigentliche Kern der Kontroverse um die Lebenswissenschaften, die heute noch anhand eines Stellvertreters, des menschlichen Embryos, geführt wird: Wie weit soll diese Selbstmanipulation des Menschen gehen, kann – und soll – sie ethisch im Zaum gehalten werden?

Fortschritt durch Tabubrüche?

»Fortschritt in der Forschung gibt es immer nur mit Tabubrüchen«, begründet Ernst-Ludwig Winnacker, der Präsident der Deutschen Forschungsgemeinschaft, das Recht der Wissenschaft, soziale und ethische Normen durch Innovation herauszufordern. Ist es heute die Forschung an frühen Embryonen, so kann es morgen vielleicht deren Selektion nach den Wünschen der Eltern sein und übermorgen deren gezielte genetische Veränderung, um das Erbgut künftiger Generationen zu korrigieren oder zu verbessern.

Wie aber können demokratische Gesellschaften die Kontrolle über die Dynamik mächtiger wissenschaftlich-ökonomischer Interessen behalten?

Während Denker wie Peter Sloterdijk schon über »Regeln für den Menschenpark« grübeln und sich Gedanken über »Züchtung und Zähmung« einer »genoptimierten« Menschheit machen, die »gottähnlich« werde, sorgt sich der Diskursphilosoph Jürgen Habermas um die Dynamik einer biotechnologischen Entwicklung, »die die zeitraubenden Selbstverständigungsprozesse der Gesellschaft über ihre moralischen Ziele immer wieder überrollt«. Auf diese auch politisch relevante Problematik einer neuen Biomacht sei unsere individualisierte Gesellschaft schlecht vorbereitet.

Gute Gene, schlechte Gene

Wie mächtig der Wunsch nach Optimierung auch in liberalen Gesellschaften wirken kann, belegt schon ein kurzer Blick auf die breite gesellschaftliche Strömung der Eugenik um 1900. Die ersten Eugeniker am Ende des 19. Jahrhunderts waren fortschrittsoptimistische Sozialutopisten. Ihnen ging es vor allem darum, Eltern dabei zu helfen, möglichst keine behinderten, sondern gesunde Kinder zu bekommen und so emotionales wie finanzielles Leiden zu vermeiden.

Diese sozialeugenischen Motive leben auch in den liberalen Demokratien unserer Tage weiter. Heute ersetzen Wissenschaft und Technik die kruden Methoden der klassischen Eugenik (Sterilisation, Vermeidung von Elternschaft, »rationale« Partnerwahl) durch technische Verfahren zur Selektion (Präimplantationsdiagnostik, Pränataldiagnostik, genetisches Screening von »phänotypisch« Gesunden). Wer einen Blick in die vorgeburtlichen Richtlinien wirft, nach denen Schwangere auf Kassenrezept »betreut« werden, kann erkennen, dass der heutige Staat bereit ist, eine pränatale Selektion ungeborenen Lebens zu finanzieren. Genetische Beratungen während der Schwangerschaft dienen heutzutage zunehmend dem Zweck, jedes auch noch so geringe genetische Risiko auszuschließen. So scheint es durchaus realistisch, dass sich in absehbarer Zeit präventive Möglichkeiten der genetischen Diagnostik im Rahmen gesundheitspolitischer Vorsorge unter der Hand zu Pflichten auswachsen. Ist es nicht grundsätzlich rational und legitim, so wird schon heute argumentiert, Gesundheitsrisiken vorauszusagen und diese durch rechtzeitige Behandlung, Ausschaltung von Risikofaktoren oder die Kontrolle der Fortpflanzung zu vermeiden? In einzelnen Ländern wie Zypern gibt es staatlich propagierte Programme, um häufig auftretende schwere Erbkrankheiten auszurotten. Absehbar ist für die Zukunft ein dynamischer Trend, den der Soziologe Peter Weingart die »Rationalisierung des Geschlechtslebens« genannt hat: Soziale Normen und Wertvorstellungen (z. B. von Krankheit und Behinderung) werden verinnerlicht und im Rahmen individueller Entscheidungen umgesetzt.

So kann »Eugenik« als soziokulturelles Projekt verstanden werden, das sich über vermeintlich »autonome« Einzelentscheidungen vollzieht. Zwar propagiert heute niemand mehr eine staatliche Zwangskontrolle über die genetische Qualität neugeborener Bürger. Aber die Ansprüche, die der moderne Mensch an ein möglichst leidensfreies Leben in Gesundheit stellt, führen in die Selektion. Der Staat könnte diese Wünsche etwa durch Zwangsberatungen in der Schwangerschaft zu steuern suchen. Bei der Präimplantationsdiagnostik (PID) kann eine gewünschte genetische Eigenschaft des zukünftigen Kindes gezielt ausgewählt werden – sei es, um einen Knochenmarkspender für ein schon geborenes krankes Kind zu zeugen (positive Eugenik), oder auch, um eine Bluterkrankheit in der Enkelgeneration auszuschließen (negative Eugenik). Noch sind derartige Verfahren extrem teuer und finden deshalb nur begrenzt Anwendung. Aber das wird nicht immer so bleiben.

»Ich bin in meinen Körper vernarrt wie jeder andere auch, aber wenn ich mit einem Körper aus Silikon 200 Jahre alt werden könnte, würde ich den vorziehen.«

Bill Joy, Computerexperte

Der Wunsch nach dem bestmöglichen Kind

Angesichts der Dynamik der Fortpflanzungsmedizin und ihrer zunehmenden Internationalisierung ist es nicht unrealistisch anzunehmen, dass die gerade erreichte öffentliche Kontrolle der Forschung und ihrer praktischen Umsetzung im Wettbewerb der Nationen wieder aufgeweicht oder gar aufgehoben wird – man blicke nur nach China und auf seine atemberaubende Aufholjagd im Bereich der Biotechnologie. Eine solche Entwicklung erscheint Peter Weingart nicht unwahrscheinlich, »weil uns mit der Nachfrage nach den neuen Techniken die Fähigkeit zur Reflexion auf die Wertbezüge verlorengegangen ist, die es uns erlauben, der Realisierung der eugenischen Utopien durch unser eigenes Verhalten zu widerstehen«.

So ist etwa der Erfinder der Pille, Carl Djerassi, überzeugt, dass in Industrieländern in 50 Jahren die Fortpflanzung von dem Wunsch der Eltern dominiert werde, das »bestmögliche Kind zu zeugen«. Fern davon, den Menschen durch Zwangsmaßnahmen vorzuschreiben, welche Kinder sie zur Welt bringen dürfen, würden die »neuen Menschenzüchter«, so der US-Politologe Jeremy Rifkin, als gutmeinende, serviceorientierte, rein kommerzielle Eugeniker ihre Dienste anpreisen. Rifkins Vision: »Wenn unsere Kinder in 15 Jahren heiraten, werden sie als Paar mit ihrem entzifferten Erbgut in die Arztpraxis gehen. Dort erfahren sie, welche Krankheiten ihrem noch nicht gezeugten Nachwuchs drohen könnten, wenn ihre Spermien und Eier zusammentreffen.«

Bevor die Gesellschaft selbstgewollt in dieses Zukunftsszenario eines »Shopping in the genetic supermarket« stolpert, mahnt Jürgen Habermas eine ethische Reflexion der Grundlagen des Menschseins an: »Wenn wir Zweifel haben, ob wir diese individualisierte Spielart der Eugenik wirklich wollen, sollten wir aufpassen, was die Praktiken, um die es heute geht, zu dieser Entwicklung beitragen.« Wenn erbliche Ausstattung zur käuflichen Ware wird, dann drohen unsere Vorstellungen von Autonomie, Gleichheit und Gerechtigkeit fundamental Schaden zu nehmen.

Bioethik à la Hollywood

Will man wissen, woran der Mensch künftig Maß nimmt, wenn er sich selbst zu erschaffen sucht, hilft ein Blick in das

Labor der Kultur. Was Wissenschaftler für die ferne Zukunft allenfalls versprechen, spielt eine Vielzahl künstlerischer, literarischer und filmischer Visionen bereits als gesellschaftliche Realität durch. Hier bündeln sich Ängste und Verlockungen. Die Ausgeburten von Hollywoods Traumfabrik bevölkern derzeit Filme wie »Gattaca«, »Alien«, »A.I.« oder »Matrix«. Dort werden Genmanipulierte, Mutanten, Klone, Androiden und Roboter als die Zukunft des Menschen vorgeführt. In dem Actionfilm »Matrix« haben Roboter die Weltherrschaft übernommen und Menschen das demütigende Schicksal zugewiesen, im Tiefschlaf als Energielieferant für neuroaktive Simulationen zu dienen. Die Bedeutungslosigkeit des Menschen in einer technisierten Lebenswelt – gegen die nur noch eine kleine Gruppe von Rebellen kämpft – ist in einer erschreckend beeindruckenden Szene dargestellt: Wenn die Lebenskraft der Menschen in den wabenähnlichen Energiefeldern verbraucht ist, werden sie in einem Säurebad aufgelöst. Die dabei gewonnene Nährlösung wird in blutroten Embryonenplantagen intravenös an in Glaskolben reifende menschliche Föten verabreicht. Damit wird der verbrauchte Mensch in den Legebatterien als Rohstoff für den Bau neugeborener Menschen recycelt.

In »Gattaca« können Gentechniker die Kombination des Menschen bei der Zeugung im Labor präzise steuern, der Retorten-Mensch ist nahezu perfekt. Einige aber, wie Vincent Freeman, verdanken ihr Leben und ihre Gene noch der natürlichen Liebe. Es sind in der Sprache der neuen Zeit »Gotteskinder«. Freeman wurde mit einem Herzfehler geboren, ein Gebrechen, das eigentlich der Vergangenheit angehört. Er hat deswegen einen Invalidenpass. Doch der verhilft ihm nicht zu Sonderrechten und sozialer Solidarität, sondern macht ihn im Wortsinn »in-valid«, wertlos. Er ist ein Untauglicher ohne jede Chance auf eine gesellschaftliche und berufliche Karriere. Anders die Elite: Die »Validen« leben länger, sind gesünder und wohlgeformt – aber wozu? Die Eltern bestellen sich perfekte Kinder, die keine Zeit damit verschwenden zu rebellieren, sondern schon früh ihre spätere Karriere im System der Perfektion angehen. Selbst klassische Musik wird durch Genmanipulation zur Vollkommenheit geführt: Ein Pianist spielt mit zwölf Fingern, um ein klassisches Musikstück zur vermeintlichen Vollendung zu treiben.

Interessant ist, dass selbst in »Gattaca« Gene nicht alles sind. Vincent, einer der letzten menschlichen Menschen, bäumt sich gegen die kontrollierte Genwelt auf und verwirklicht gerade deshalb gegen alle Widerstände sein Lebensziel. Ausgerechnet in Gattaca, dem Ort der Elite, unterläuft der gesellschaftliche Außenseiter mit Raffinesse den gentechnischen Perfektionismus eines futuristischen Überwachungsstaates. Der invalide Außenseiter und beharrliche Rebell fesselt die Kinozuschauer als Sympathieträger. Der Film »Gattaca« funktioniert im Auge des Betrachters wie angewandte Ethik: Er überprüft mittels utopischer Simulation die Geltung der Prinzipien Gleichheit, Gerechtigkeit und Autonomie in einer völlig verwandelten Welt. Das Kino wird hier zu einem Ort, wo die Mediengesellschaft breitenwirksam über letzte Fragen reflektiert.

> »Früher sagte man, ein Kind, das aus Liebe gezeugt wird, hat eine größere Chance, glücklich zu werden. Das sagt man heute nicht mehr. Ich werde nie verstehen, warum meine Mutter ihr Schicksal lieber in Gottes Hände als in die ihres Hausgenetikers legte.«
>
> Ausschnitt aus dem Sciencefictionfilm »Gattaca«

Künstlerische Autooperationen ohne Ethik?

Das Spiel mit Erweiterungen und Entgrenzungen des vertrauten Körpers treibt die bildende Kunst auf die Spitze. In jüngster Zeit experimentieren Künstler und Künstlerinnen erstmals mit ihrem eigenen Leib als Kunstmaterial. So lässt sich die französische Künstlerin Orlan ständig von Chirurgen ihr Gesicht nach Vorbildern neu gestalten, um sich berühmten Gesichtern wie dem der Mona Lisa anzunähern. Ihr Credo: »Ich habe nie, was ich bin.«

Radikal geht auch der australische Künstler Stelarc mit seinem Leib um, um Konturen künftig vernetzter Körper zu simulieren. In seiner spektakulären Performance »Fractal Flesh« ließ er seine Muskeln via Internet, sozusagen ferngesteuert, bewegen. Per

Mausklick konnten sich registrierte Nutzer in Stelarcs Körper einloggen. Über ein durch Tasten gesteuertes Muskel-Stimulationssystem lösten sie unwillkürliche Zuckungen im Körper des Künstlers aus. Der einzige direkte Kontakt war visuell: Stelarc sah den fremden Akteuren per Videokamera in die Augen. Für Stelarc entsteht beim Kontakt räumlich entfernter Körper eine neue Dimension der Entgrenzung des Körperlichen. Der Künstler sucht, nach eigenen Worten, »Intimität ohne Nähe«. Die Haut sei nicht länger das »passende Interface zur Welt«. Stattdessen entwickele sich die Technologie zu einer »neuen Membran unserer menschlichen Existenz«.

Derart radikale Selbstversuche künden Veränderungen in den Wahrnehmungen und Selbstbildern des Menschen an, noch bevor die Heilsversprechungen der Biowissenschaften aus den Labors in den realen Alltag einziehen. Schon von daher wäre es naiv, wenn sich der bioethische Diskurs allein auf medizinische Aspekte konzentrieren und mögliche Grenzerweiterungen der Konstitution des menschlichen Leibes im Rahmen gewollter »Verbesserungen« oder Veränderungen ausblenden würde.

> »Der Mensch schämt sich geworden statt gemacht zu sein, der Tatsache also, im Unterschied zu den tadellosen und bis ins letzte durchkalkulierten Produkten sein Dasein dem blinden und unkalkulierten, dem höchst altertümlichen Prozess der Zeugung und der Geburt zu verdanken.«
>
> Günther Anders, »Die Antiquiertheit des Menschen«

Das literarische Paradies:
Abschied vom Geschlechtlichen?

Eine der radikalsten Facetten der Biotechnologierevolution hat der Franzose Michel Houellebecq 1998 in seinem überaus erfolgreichen Roman »Elementarteilchen« präsentiert: Darin beschreibt er das Projekt einer Geschlechternivellierung durch die Abschaffung aller körperlichen Unterschiede zwischen Frauen und Männern. In dem Buch arbeitet ein Wissenschaftler an der Möglichkeit eines künstlichen, geklonten Menschen, da für ihn Unglück und Ungleichheit durch die Zwänge des Körpers geschaffen werden, der sich nur als sexualisiertes Wesen in der Welt bewegen kann. Allein eine neue, technisch ermöglichte Gleichheit wird in Houellebecqs literarischer Fiktion zum einzigen Garanten für ein menschheitsumfassendes Glück. Natürliche Differenzen zwischen Mann und Frau gilt es zu überwinden zugunsten eines gemeinsamen Kollektivkörpers. Das Erstaunliche dieser Utopie ist, dass die Paradiesvorstellung erst durch künftige Errungenschaften der Technik realisiert wird. Houellebecq überspringt damit jede Debatte über ethische Regeln der Realisierung eines kollektiven Miteinanders. Der asexuelle Klon wird zum Versöhner der von Leidenschaften gepeinigten Menschen. Die Menschen in Houellebecqs Vision können sich erst dann wirklich begegnen, wenn sie die polare Geschlechtlichkeit hinter sich gelassen haben.

Liegt in der Gefahr das Rettende?

So paradox es klingen mag: Gerade in den avanciertesten konkreten Utopien kehren die Denkbewegungen zurück zu der Ursprungsfrage der philosophischen Ethik, nämlich der nach dem richtigen und guten Leben. Wir leben in einem Zeitalter, in dem die Wissenschaften und die Technik wesentlich zu unserer Lebensorientierung beitragen und diese zugleich ständig aus den Angeln heben. Die Wissenschaften erzeugen immer neue Denk- und Handlungsmöglichkeiten und zwingen den Menschen daher, sich in der

»Wo aber das Rettende naht, wächst auch die Gefahr«.
Ernst Bloch

Fülle dieser neuen Optionen zu orientieren oder vorhandene Orientierungen an den wissenschaftlichen Erkenntnissen neu auszurichten. Weder eine Expertenreligion noch eine Wissenschaft, die sich selbst zur Kirche erhebt, weisen Auswege aus diesem Orientierungsdilemma.

»Wir sind heute gewohnt, die Religion am Maßstab der Wissenschaften zu betrachten« und damit zu marginalisieren, hat jüngst der Wissenschaftshistoriker Jürgen Renn beobachtet: »Was wir aber versäumt haben, ist auch die Größe der Aufgabe der Wissenschaft am Maßstab dessen zu messen, was Religion über Jahrtausende für die Lebensorientierung der Menschen geleistet hat und noch leistet.« Was der Menschheit helfen könne, ihre (Über-)Lebensprobleme zu bewältigen, sei ein erweitertes Verständnis von Wissenschaft, die ihre eigene Historizität erkennt, ihre Rolle bei der Lebensorientierung reflektiert und aktiv zu übernehmen bereit ist.

Allerdings kann die Naturwissenschaft allein diese Aufgabe nicht bewältigen. Denn sie kann die Natur, die des Menschen eingeschlossen, nach langen Abwehrkämpfen nur noch wertfrei denken, gleichsam als bloßes Material für die Verwirklichung von Wünschen. Die Naturwissenschaften belehren uns zwar darüber, was wir wie mit unserer Natur gemäß ihren Gesetzen anstellen können, aber nicht, was wir wollen, sollen und dürfen. Das Gattungswissen der Religion, auf das Renn anspielt, war und ist dagegen immer normativ durchdrungen, immer auf den letzten Sinn des Lebens bezogen. Die Naturwissenschaften haben alles getan, um diese teleologische Dimension loszuwerden, sie haben sich als Innovationsmotor emanzipiert, der Mögliches möglich macht. Allenfalls waren es Naturphilosophien oder Wissenschaftstheorien, die das Orientierungsbedürfnis der Menschen angesichts der wissenschaftlichen Erfolge befriedigt haben. Innerhalb der Scientific community der Moderne waren immer die Kulturwissenschaften für die Lebensorientierung zuständig, mit ihrem historischen Wissen, ihrer auf Selbstreflexion und Kontextualisierung angelegten Erkenntnis.

Worum geht es dabei heute? »Wir müssen wissen, welches Bild vom Menschen wir haben und wie wir leben wollen«, mahnte Bundespräsident Johannes Rau anlässlich der Embryonendebatte in Deutschland, den »Rubikon« der durch die Menschenrechte kulturell gesetzten Grenzen nicht zu überschreiten. Klärungen des Menschenbildes sind dabei nicht mehr nur aus der Tradition und der Gegenwart heraus zu erwarten, sondern auch in Auseinandersetzung mit den Innovationen der Wissenschaften. Wie weit dürfen wir ein Menschenbild dem jeweils Gewünschten anpassen? Darf Ethik allein zur nachträglichen Begründung längst vollzogener Entwicklungen dienen? Oder sind neue Grenzziehungen gegenüber der Freiheit der Wissenschaften angebracht?

Ein möglicher Weg, über fallbezogene Bioethik- und unfruchtbare Dammbruchdebatten hinauszukommen, ist die Beschäftigung mit Zukunftsfiktionen, wie sie die Kunst als bevorzugter Ort »konkreter Utopien« liefert. Die Fakten, die Naturwissenschaften schaffen, deren philosophische Reflexion sowie die Kontextualisierung in Geschichte, Kultur und Gesellschaft durch die Kulturwissenschaften liefern der Kunst das Material. In diesem Feld findet die Ethik utopische Szenarien, die sie im Hinblick auf ihre moralische Relevanz reflektieren und in Normen umsetzen kann. Die ethische Reflexion hat diese Hilfe nötig, denn weder die utilitaristischen Folgenabschätzungen noch die deontologische Reflexion der Bedingungen sittlichen Handelns können den Herausforderungen der neuen Anthropotechniken wirksam begegnen.

Die Eingriffe der Biowissenschaften und -medizin in die Natur des Menschen drohen den bisher gültigen Moralvorstellungen die Grundlage zu entziehen. Der utopische Blick in die Zukunft der Gattung Mensch mit Hilfe der Kunst erweitert demgegenüber den Horizont der traditionell am Individuum und der Gesellschaft orientierten ethischen Reflexion der Moderne und bringt sie wieder auf Augenhöhe mit den Naturwissenschaften.

Literatur & Internetadressen

Literatur

Damschen, Gregor, Schönecker, Dieter (Hg.): *Der moralische Status menschlicher Embryonen. Pro und contra Spezies-, Kontinuums-, Identitäts- und Potentialitätsargument*. Berlin, New York 2003.

Geyer, Christian (Hg.): *Biopolitik. Die Positionen*. Frankfurt a. M. 2001.

Gerhardt, Volker: *Der Mensch wird geboren. Kleine Apologie der Humanität*. München 2001.

Graumann, Sigrid: *Die Genkontroverse. Grundpositionen*. Mit der Rede von Johannes Rau. Freiburg i. Br. 2001.

Habermas Jürgen: *Die Zukunft der menschlichen Natur. Auf dem Weg zu einer liberalen Eugenik?* Frankfurt a. M. 2001.

Höffe, Otfried: *Medizin ohne Ethik?* Frankfurt a. M. 2002.

Höffe, Otfried u.a.: *Gentechnik und Menschenwürde. An den Grenzen von Ethik und Recht*. Köln 2002.

Hoerster, Norbert: *Ethik des Embryonenschutzes. Ein rechtsphilosophischer Essay*. Stuttgart 2002.

Honnefelder, Ludger, Propping, Peter (Hg.): *Was wissen wir, wenn wir das menschliche Genom kennen?* Köln 2001.

Korff, Wilhelm u.a. (Hg.): *Lexikon der Bioethik*. 3 Bde. Gütersloh 2000.

Kuhlmann, Andreas: *Politik des Lebens, Politik des Sterbens*. Berlin 2001.

Merkel, Reinhard: *Forschungsobjekt Embryo. Verfassungsrechtliche und ethische Grundlagen der Forschung an menschlichen embryonalen Stammzellen*. München 2002.

Schramme, Thomas: *Bioethik*. Frankfurt, New York 2002.

Singer, Peter: Praktische Ethik. Zweite revidierte und erweiterte
Auflage. Stuttgart 1994.

Sloterdijk, Peter: *Regeln für den Menschenpark. Ein Antwortschreiben zu
Heideggers Brief über den Humanismus.* Frankfurt a. M. 1999.

van den Daele, Wolfgang: *Mensch nach Maß? Ethische Probleme der
Genmanipulation und Gentherapie.* München 1985.

Internetadressen

http://www.drze.de/
Deutsches Referenzzentrum für Ethik in den Wissenschaften

http://izew.uni.tuebingen.de
Interfakultäres Zentrum für Ethik in den Wissenschaften in
Tübingen

http://www.ethikrat.org/index.html
Homepage des Nationalen Ethikrats

http://bundestag.de/gremien/medi
Abschlussbericht der Enquetekommission Recht und Ethik der
modernen Medizin, Dokumente von Expertenanhörungen

http://www.nih.gov/news/stemcell/
Umfassendste Informationen über Embryonale Stammzellen des
US-National Institute of Health

http://www.bioethics.net/
Umfassender Internetauftritt des »American Journal of
Bioethics«

http://www.bioethics.gov/
Homepage der Bioethikkommission des US-Präsidenten

Wissen 3000

Renner: **1968**
Kopp: **Asyl**
Prüfer/Stollorz: **Bioethik**
Redak/Weber: **Börse**
Rudhof: **Design**
Nemeczek: **documenta**
Krauß: **Doping**
Schmidt-Semisch/Nolte: **Drogen**
Seibert: **Existenzialismus**
Blecher: **Fotojournalismus**
Riewenherm: **Gentechnologie**
Schroedter: **Globalisierung**
Gröndahl: **Hacker**
Dillmann: **Jüdisches Leben nach 1945**
Behrens: **Kritische Theorie**
Meschnig: **Markenmacht**

Lanz/Becker: **Metropolen**
Terkessidis: **Migranten**
Koch: **New Economy**
Arns: **Netzkulturen**
Diederichs: **Polizei**
Büsser: **Pop-Art**
Ernst: **Popliteratur**
Büsser: **Popmusik**
Leyrer: **Sexualität**
Feige: **Science Fiction**
Müller: **Sozialismus**
Schuldt: **Systemtheorie**
Hirschmann: **Terrorismus**
Sager: **Wasser**

Bibliografische Information Der Deutschen Bibliothek

Die Deutsche Bibliothek verzeichnet diese Publikation in der Deutschen
Nationalbibliografie; detaillierte bibliografische Daten sind im Internet über
http://dnb.ddb.de abrufbar

© Europäische Verlagsanstalt| Sabine Groenewold Verlage, Hamburg 2003
Umschlag: projekt® | Philipp Starke, Hamburg
unter Verwendung einer Fotografie von photonica/CSA Plastock
Herstellung: Das Herstellungsbüro, Hamburg
Druck und Bindung: Fuldaer Verlagsagentur
Alle Rechte vorbehalten
Printed in Germany
ISBN 3-434-46186-8

Informationen zu unseren Verlagsprogrammen finden Sie
im Internet unter www.sabine-groenewold-verlage.de